DIE SCHÖNSTEN ABGRÜNDE DES ALLTAGS

Slam- und Survivaltexte

Für Yvonne,

viel Spaß beim

lesen!

Franziska

Wilhelm

ZWIEBOOK

Meißen, 05.09.20

„Jetzt stehst du mit ausgebreiteten Armen da,
wo man mit den Zehen, von unten gesehen,
bereits über dem Abgrund steht.“

aus

Meike Harms

„Leistungsorientierte Freude“

Franziska Wilhelm

DIE SCHÖNSTEN ABGRÜNDE DES ALLTAGS

Slam- und Survivaltexte

IMPRESSUM

ZWIEBOOK – DA HAB ICH BOCK DRAUF!
1. Auflage: September 2018

Weimarische Str. 7, 01127 Dresden
www.zwiebook.de • kontakt@zwiebook.de

Urheberrecht an den Texten: Franziska Wilhelm
Cover/Layout: Jörg Hausmann • www.heizfrosch-werbung.de
Autorenbild/Coverfoto: Susann Jehnichen
Satz: salomo publishing
Druck und Bindung: Printgroup sp. z.o.o.

ISBN: 978-3-943451-36-8

ABGRÜNDEVERZEICHNIS

Die schönsten Abgründe des Alltags:

WORUM ES GEHT

Stellen Sie sich einen lauen Abend vor. Sie haben sich chic gemacht. Nicht nur lässig chic, sondern richtig chic. Ihr Haar liegt gut, Sie duften, Sie tragen edles Schwarz. Die Sohlen ihrer neuen teuren Schuhe sind blitzblank. Selbstbewusst treten Sie damit den Weg zur Bühne an. Um Sie herum: Fotografen, lächelnde VIPs und begeisterte Follower. Dann stehen Sie endlich oben, hinter dem Pult. Sie fühlen, wie Ihnen Tränen der Rührung in die Augen steigen. Als der Saal sich etwas beruhigt, beugen Sie sich zum Mikrofon und sagen mit leicht brüchiger, aber feierlicher Stimme: „Es gab Zeiten, in denen wir fast nicht mehr daran geglaubt haben. Aber wir haben nicht aufgegeben. Wir sind drangeblieben. Und nach wochenlangem harten Kampf stehe ich heute hier und kann Ihnen sagen: Wir haben die Motten in unserer Küche endlich besiegt! Keine Maden mehr an der Decke! Juhu!"

Frenetischer Applaus. Alle fallen sich in die Arme. Sie danken Ihren Fans, ohne die Sie es angeblich niemals geschafft hätten, für deren Anteilnahme.

Ein Wahnsinnsmoment – aber leider nicht real. In der realen Welt wird Leuten nur für die angeblich großen Dinge applaudiert. Mottenbekämpfung gehört nicht dazu. Auch nicht das Ertragen von Spießer-Nachbarn oder das Sich-Behaupten gegen eine aggressive lokale Saunagruppe, die immer die besten Schwitzplätze für sich beansprucht. Diese Dinge bleiben ungesehen, und zwar zu Unrecht.

Der russische Autor Anton Pawlowitsch Tschechow soll einmal gesagt haben: *„Jeder Idiot kann eine Krise meistern. Es ist der Alltag, der uns fertigmacht."*

Man findet dieses Zitat gerne auf der ersten Präsentationsfolie von Managementtrainern und Selbstfindungscoaches. Leider steht niemals genau dabei, aus welchem von Tschechows Werken es entnommen bzw. in welchem Zusammenhang es geäußert wurde. Nichtsdestotrotz ist der Tschechow-Ausspruch zum Megaseller unter den Zitaten geworden. Einfach weil jeder nur zu gut weiß, was Anton Pawlowitsch meint. Vielleicht gibt es eine Handvoll große Krisen in unserem Leben, die uns eine gewisse Zeit in Atem halten. Den Alltag dagegen haben die meisten von uns siebzig Jahre und länger am Hals. Das ist eine ganz andere Hausnummer.

Wenn es nach mir ginge, dann gäbe es nicht nur ein Bundesverdienstkreuz für besondere, sondern auch eins für ganz normale Leistungen. Denn seien wir mal ehrlich: Ein normales Leben zu ertragen und durchzustehen, wird in dieser Welt immer schwieriger. Wenn man als Abiturient sein Berufsziel mit

„einfacher Angestellter ohne große Verantwortung" angibt, wird man schief angeschaut. Wenn man sich zum Mittag ein ganz normales wabbeliges Rührei macht und es dann auf *Instagram* postet, wird man mit Nichtbeachtung oder – schlimmer noch – mit Ironie gestraft. Wenn man sagt, dass man lieber seine Wohnung putzt, als ein veganes Erlebniswochenende auf der Ranch eines einbeinigen Whiskey-Sommeliers in Lappland zu verbringen, dann wird man sozial geächtet.

Und gerade hier möchte dieses Buch ansetzen. Es zollt den kleinen Kämpfen des Lebens Tribut, mit denen wir uns verdammt noch mal die ganze Zeit herumärgern müssen, damit aus ihnen vielleicht irgendwann kleine Siege werden.

Liebe mitlesende Heldinnen und Helden des Alltags! Dieses Buch mit seinen unterschiedlichen Geschichten ist Ihr Bundesverdienstkreuz für normale Leistungen. Ihr großer Jubelsaal. Ihr Blitzlichtgewitter. Erleben, beben, zittern und leiden Sie mit. Genießen und lachen Sie auch mal zwischendrin. Und dann machen Sie einfach weiter.

Mit ganz normalen Grüßen
Franziska Wilhelm

Die schönsten Abgründe des Alltags:

MOTTEN

Wir haben Sitzbänke in der Küche. Das ist praktisch für mich, denn ich habe postprandiale Narkolepsie. Dieses Phänomen lässt sich auch bezeichnen als *Schnitzelstarre*, *Döner-Dusel*, *Schnitten-Schlummer*, *Teigtaschen-Trance* oder einfach *Fresskoma*.

Drogen sind ohnehin nicht so mein Ding, aber was ich auf keinen Fall brauche, sind Downer. Gebt mir einfach Kohlenhydrate, Fette und Eiweiße, und ich penne euch innerhalb der nächsten Viertelstunde weg. Gerade bei größeren Familienfeiern macht das meist nicht besonders viel Eindruck. Das kann ich aus Erfahrung sagen. Man weiß es eigentlich schon, wenn die Rouladen reingetragen werden: Heute wird ein harter Abend. Zuerst kämpft man noch dagegen an, verfällt in ein leichtes Kopfnicken, um sich wach zu halten, macht dann möglichst unauffällig weiter mit aktivierendem Rumpfschaukeln, und schließlich lässt man einen Löffel fallen und gibt sich unterm Tisch ein paar kräftige Ohrfeigen. Leider verpufft die Wirkung dieser Schutzmaßnahmen immer sehr schnell, und am Ende penne ich doch ein.

Zu Hause ist das Gott sei Dank kein Problem, denn da haben wir, wie gesagt, die Küchenbänke. Ich kann mich einfach seitlich absinken lassen und dann gemütlich auf den Rücken drehen. Kurzum: Unsere Küche ist fresskomagrecht.

Allerdings schreckte ich letztens aus meiner gerade einsetzenden Nudel-Narkose hoch, denn ich entdeckte etwas, das mich beunruhigte. Eine gelblich grüne Made zog oben an der Wand entlang. Ich drehte den Kopf und erblickte eine weitere. Und noch eine. Ich wusste, was das zu bedeuten hatte: Motten. Ich hasste diese Viecher. Sie kamen so unschuldig reingeflattert mit ihren dünnen graubraunen Flügelchen, ganz leise und verletzlich wie eine Insekt gewordene Bibliothekarin. Und dann breiteten sie sich aus. Mit atemberaubender Geschwindigkeit legten sie Millionen von Eiern arglistig in die allerhintersten Winkel. Ja, es gibt Ecken in einer WG-Küche, die noch nie ein Mensch zuvor gesehen hat, aber glauben Sie mir, im *Lonely Planet* der Motten sind sie alle verzeichnet und ausführlich beschrieben.

Die Motte ist ein Tier, das es nicht zu unterschätzen gilt. Ich sage nur so viel: Sie kann Polyethylen verdauen. Das haben chinesische Wissenschaftler unlängst bewiesen. Und das bedeutet, selbst zugeschweißte Verpackungen sind vor ihrem Hunger nicht sicher.

An diesem Abend in meiner Küche war mir der Ernst der Lage sofort klar und ich machte das, was man als erwachsener, aufgeklärter Mensch und WG-Bewohner immer als Erstes macht: Ich verdächtigte meine Mitbewohnerin. Musste sie denn diese Unmengen von Maisgries-Polenta, Dinkelkleie, Bulgur und Bio-Hirse unbedingt unbetuppert im Schrank stehen lassen? Was sollte all die gesunde Ernährung, wenn man am Ende von Geschöpfen in die Knie gezwungen wurde, die Plastikfolie fraßen?

Sofort rief ich meine Mitbewohnerin herbei, um ihr die Dramatik der Situation bewusst zu machen. Aber ich musste ihr gar nichts bewusst machen, denn anscheinend verabscheute sie Motten sogar noch stärker als ich. Ohne mit der Wimper zu zucken, pfefferte sie Bioladen-Güter im Wert von mehreren Hundert Euro direkt in den Hausmüll. Beeindruckt beschloss ich, meinen Vorratsschrank ebenfalls auszumisten. Ich trennte mich gerade von alten Gewürzen und Backutensilien, da schaute sie zu mir herüber: „Du wirfst aber schon auch die Sachen in den Tupper-Schachteln weg, ne?"

Etwas in mir sträubte sich. Hatte ich mir die ganzen Dosen nicht extra zugelegt, um mein Zeug vor Motten zu schützen? Und jetzt sollte ich das einfach wegwerfen? So richtig sah ich das nicht ein.

Meine Mitbewohnerin schien das zu spüren. Deshalb hob sie zum ersten Hauptsatz der Motten-Theorie an, den alle Menschen immer gebetsmühlenartig ausrufen, wenn man sich ihnen gegenüber als Madenopfer outet: „Man muss alles wegwerfen, wirklich alles wegwerfen, alles muss weg!"

„Hm, ja, vielleicht morgen", nuschelte ich und verschwand in meinem Schlafzimmer.

Noch bis tief in die Nacht hörte ich meine Mitbewohnerin in der Küche herumfuhrwerken. Sie räumte weiter ihre Schränke aus und schrubbte die Oberflächen sauber. Unablässig murmelte sie dabei: „Man muss alles wegwerfen, wirklich alles wegschmeißen!" Dazwischen hustete sie vom Essigreiniger.

Am nächsten Morgen blinkte unsere Küche so schön, wie eine teilsanierte Altbauküche nur blinken kann. Eine teilsanierte Altbauküche, in der jemand über Nacht siebenhundertfünfzig Pheromonfallen verteilt hatte ... „Das hast du toll gemacht", sagte ich.

„Man muss wirklich alles wegschmeißen, wirklich alles wegschmeißen!", entgegnete sie.

Sanft legte ich meine Hand auf ihre Schulter. „Ich glaube nicht, dass auch nur eine einzige Motte diese Nacht unbeschadet überstanden hat."

Doch ich sollte mich irren. Nur zwei Abende später kroch eine neue Made die Wand empor.

Wortlos nahm meine Mitbewohnerin meine Tupper-Dosen aus dem Schrank und entsorgte sie im Ganzen. Dann warf sie meine Zwiebeln weg. Und meinen Entspannungstee. Und meine geliebten bunten Strohhalme. Und meine Kaffeefiltertüten von 2004. Und unsere Kork-Pinnwand. Unsere Plastikbrettchen. Unseren Besteckkasten. Unsere Sitzauflagen. Und unsere Mülleimer.

„Dörrobstmotten, so wie wir sie haben, lateinisch *Plodia interpunctella*, verpuppen sich ab einem bestimmten Stadium auch außerhalb von Nahrungsvorräten", erklärte sie mir.

Ich staunte über ihre Kampfdynamik. Innerhalb von zwei Tagen hatte sie sich von einer bloßen Gefahren-Erkennerin zu einer dezidierten Motten-Expertin weitergebildet. Doch als sie daraufhin auch noch meinen gerade neu gekauften *Siemens*-Extrem-Silence-Power-Staubsauger wegwerfen wollte, warf ich mich panisch auf den Saugschlauch. „Ich glaube, es reicht jetzt!", sagte ich.

„Aber man muss doch alles wegschmeißen, man muss wirklich alles, alles wegschmeißen!", wiederholte sie noch eine halbe Stunde, bis sie vollkommen erschöpft zusammensackte und in einen langen, unruhigen Schlaf verfiel.

Zwei Tage später war wieder eine Made an der Decke.

„Du hast jetzt zwei Optionen", flüsterte meine Mitbewohnerin. Sie schien am Ende ihrer Kräfte zu sein. „Entweder, wir werfen jetzt wirklich alles weg, auch deinen neuen Staubsauger, oder wir müssen hier eine Kolonie Schlupfwespen ansiedeln. Die killen Motten nämlich auch."

Ich seufzte kurz, nahm den Staubsauger und warf ihn über die Brüstung unseres Balkons. Meine Mitbewohnerin aktivierte ihre letzten Energiereserven und schmiss die Küchenbänke, den Tisch und all unsere Küchenschränke direkt hinterher. Dieser Akt hatte durchaus etwas Spirituelles.

Inzwischen sehe ich es ein: Der erste Hauptsatz der Motten-Theorie ist wahr. Man muss immer alles wegschmeißen. Reichst du einer Motte den kleinen Finger, verschlingt sie drei Arme und die *Appel Watch* gleich mit. Wer Motten in die Knie zwingen will, muss knallharte Konsequenz an den Tag legen.

Und weil ich das verstanden habe, kann ich heute sagen: Wir haben die Motten besiegt. Unsere Küche ist zwar nun komplett leer, aber das macht nichts. Zu Hause nehmen wir ohnehin keine Lebensmittel mehr zu uns. Außer *Capri-Sonne* vielleicht. Das mit dem Fresskoma hat sich damit für mich erledigt. Ich vermisse meine gemütlichen Küchenbänke nicht. Ich brauche sie nicht mehr. Ebenso wenig wie die anderen Möbel. Motten sind nun mal die beste Lektion in Kompromisslosigkeit. Eine Lektion, die wir als Werktätigen-Wohngemeinschaft bestanden haben. Darauf bin ich stolz. Und dafür sage ich: „Danke, Motte!"

Die schönsten Abgründe des Alltags:

BINDEHAUTENTZÜNDUNG

Es begann mit einem leichten Brennen im linken Auge. Ich dachte mir nichts dabei, denn ich trage Kontaktlinsen und bin Kummer gewohnt. Menschen mit Kontaktlinsen müssen immer leiden. Aber wir sind auch selbst daran schuld, schließlich fassen wir uns jeden Tag freiwillig direkt ins Auge.

Doch selbst als die Linsen draußen waren, wurde es nicht besser. Die Bindehaut hatte begonnen, sich im Augenwinkel rötlich zu verfärben. Noch war es ein zartes Rosé, aber ich ahnte es schon: Aus dem zarten Rosé konnte schnell ein tiefes, triefendes Blutunterlaufene-Augen-Rot werden, wenn man nicht einschritt. Also machte ich mich auf den Weg zur nächsten Apotheke.

Als ich dort mein Problem schilderte, zuckte die Frau hinterm Tresen kurz zusammen.

„Sie wissen schon, dass Bindehautentzündung hochgradig ansteckend ist?", fragte sie, während sie schnell ein paar Schritte zurückwich. „Eigentlich hilft da nur ein Antibiotikum."

„Das heißt, ich brauche ein Rezept?"

Die Pharmazeutin nickte. „Ich hätte da allerdings eine desinfizierende Salbe zur Überbrückung."

Sie schob sie mir mit einem Greifarm zu. Während ich mein Geld raussuchte, bemerkte ich, wie sich in meinem Auge ein Schleimfilm schleierartig auszubreiten begann. Ich musste schnell etwas tun.

Noch auf dem Weg zu meiner Augenärztin versuchte ich mir die Salbe fachgerecht ins Auge zu bringen. Laut Packungsbeilage musste man dafür einen 0,5 Zentimeter langen gelblichen Salbenstrang in den Bindehautsack des erkrankten Auges applizieren. Das klang verdammt eklig. Und war es auch.

„Augen auf und durch!", sagte ich zu mir, drückte auf die Tube und seilte den Strang ab. Erst in das eine und dann – sicherheitshalber – gleich in das andere Auge. Wenige Sekunden später verschwanden die Straße und die Welt um mich herum in einem trüben gelben Nebel. Ich hörte Menschen in meiner Nähe, konnte aber nur noch diffuse Schatten erkennen. Eine Ampel klackerte. Ich tastete nach dem Ampelknopf, dabei berührte ich die Brust einer Dame.

„Mama, ist die Frau blind?", fragte ein Kind neben ihr. Ich entschuldigte mich und sie führten mich über die Straße.

Von der Sprachnavigation meines Handys ließ ich mich zur Praxis meiner Augenärztin Dr. Morgenstein dirigieren. Dort wischte ich mir mit dem Mantelärmel direkt übers Auge. Gelblicher Schleim blieb daran hängen, aber ich hatte wieder einigermaßen freie Sicht und erkannte: Sprechstunde war nur am

Vormittag gewesen. „Ok, *Google*", sagte ich zu meinem Smartphone, „zeige mir andere Augenärzte in der Umgebung!"

Sofort ploppte das *StarEye Augenheil- und Laserzentrum* vor mir auf – eine Einrichtung, die jeden Tag von 8 bis 18 Uhr geöffnet hatte, mit großem, luxuriös eingerichtetem Wartebereich und einem jungen, hoch kompetenten Ärzteteam, bestehend aus Dr. med. Laszlo Potemkin, Dr. med. Olga Kramer und Dr. med. Alfred Potemkin-Kramer. Ich wusste nicht, wer da genau mit wem verheiratet war, aber ich war mir sicher, dass mindestens einer aus dieser polyamourösen Verbindung in der Lage sein sollte, mir antibiotische Augentropfen zu verschreiben.

Während ich mich von meinem Navi zum Behandlungszentrum leiten ließ, führten die Desinfektionssalbe und die Entzündung ihren erbitterten Kampf in meinem Auge weiter. Mein Bindehautsack war bereits auf Geleebananengroße angeschwollen. Wenn man dagegentippte, quoll jedes Mal ein ordentlicher Schwapp Schleim heraus. Oh Mann, ich brauchte dringend dieses Antibiotikum.

Die Glastür zum *StarEye Augenheil- und Laserzentrum* öffnete sich automatisch. Ich schleppte mich zum großen Empfangstresen in Türkis und Gold. Vor mir wartete eine Frau im Nerzmantel. Sie strich sich über den professionell toupierten Haaransatz.

„Ich interessiere mich für eine Augenlaser-Behandlung“, sagte sie zur Sprechstundenhilfe.

„Oh, da können Sie gleich durchgehen. Wenn Sie die 6000 Euro in bar dabeihaben, wird Dr. Laszlo den Eingriff gern sofort vornehmen.“

Die Frau nickte und eilte mit ihrem schweren Portemonnaie ins Behandlungszimmer.

Nun war ich an der Reihe.

„Ich hätte gern ein Rezept“, sagte ich, während ein Tropfen meines Augensekrets auf die goldene Theke suppte.

Die Sprechstundenhilfe verzog ihren Mund zu einem professionellen Lächeln, das ihr Angewidert-Sein trotzdem nicht verbergen konnte. Ich war ein Augen-Quasimodo und sie die Esmeralda von *StarEye*. Die Rollen waren klar verteilt.

„Tut mir leid“, sagte die *StarEye*-Esmeralda, „wir sind leider derart überlastet, dass wir heute keine Akut-Patienten mehr aufnehmen können.“

„Aber ich brauche ein Antibiotikum! Gegen meine Bindehautentzündung!“, rief ich ungehalten.

Bei dem Wort „Bindehautentzündung“ rückten alle bereits hinter mir wartenden Patienten einen Meter von mir weg.

„Bitte, das geht doch ganz schnell!“, bettelte ich, während ich meine Wollmütze abnahm und versuchte, damit den Schleim vom Tresen zu wischen.

„Tut mir leid“, wiederholte Esmeralda, „für Akut-

Patienten ist unsere Außenstelle in Meuselwitz zuständig."

„Aber wie soll ich denn jetzt da hinkommen? Mit diesem Auge?" Es suppte wieder.

„Da ist nichts zu machen, leider", sagte die Sprechstundenhilfe und winkte hektisch einen zwei Meter großen, ganz in Türkis gekleideten jungen Mann heran, der den Empfangstisch mit einem Sprühgerät in eine antiseptische Wolke hüllte. Mit vorgehaltener Desinfektionspistole zwang er mich nach draußen.

Es war mittlerweile 17.45 Uhr. Selbst wenn noch ein weiterer Augenarzt in dieser Stadt bis 18 Uhr aufhatte, würde ich es nicht mehr rechtzeitig dorthin schaffen. Also schleppte ich mich nach Hause.

Ich hatte noch ein *Aldi*-Hühnchen im Kühlschrank. Da waren ja auch irgendwie Antibiotika drin. Ich aß die Hähnchenschenkel einfach gleich roh aus der Packung, um die Wirkstoffe zu erhalten. Dann schlief ich erschöpft vorm laufenden Fernseher ein.

Zwei Stunden später erwachte ich. Im Fernsehen lief „*Sissi*". Ich erkannte es an den Stimmen. „Sissi!", hörte ich. Und: „Franzl!" Nur sehen konnte ich nichts.

Vorsichtig berührte ich mein Gesicht. Meine Tränensäcke waren inzwischen auf Körbchengröße C angeschwollen und meine Wimpern durch eine dicke Schicht verkrusteten Schleims vollkommen zugeklebt. Ich tastete mich ins Bad vor, schnappte mir eine Luffa-Gurke und begann zu schmirgeln. Nach einer halben Stunde hatte ich das erste Auge freigelegt. Dann folgte das zweite. Sicherheitshalber wischte ich mit einem Hähnchenschenkel nach. Leider erwischte ich einen mit Chili-Marinade. Ein geradezu epischer Schmerz flammte auf. Um ihm etwas entgegenzusetzen, rammte ich meinen Kopf gegen die geschlossene Kühlschranktür. Zwei Magneten bohrten sich in meine Stirn, zwei Karten fielen herunter. Auf der einen stand: *„Mir reicht's, ich werd' Busfahrer!"* Die andere war mein Notfallzettel.

Ein Hoch auf meine Spießigkeit, dachte ich, während ich die Nummer des kassenärztlichen Bereitschaftsdienstes in mein Handy tippte. Irgendwo in dieser Stadt gab es auch heute Nacht einen Augenarzt, der seine Türen für Notleidende wie mich offen halten musste. Die Dame an der Hotline sagte mir, wo der diensthabende Mediziner seine Praxis hatte: in der Eisenbahnstraße. In der gefährlichsten Straße Deutschlands also. Raub, Erpressung, Mord, Bandenkriege und Hehlerei waren hier an der Tagesordnung. Aber gut, zumindest sexuelle Belästigung fiel mit meinem Auge für mich heute Abend weg. Ich nahm meine Jacke vom Haken und zog los.

Auf der Eisenbahnstraße war noch lebhafter Betrieb. Zwei Motorradbanden hatten ein paar umliegende Häuser in Brand gesteckt und kämpften jetzt auf dem Trottoir. Als sie mich erblickten, ließen sie ihre Messer, Baseballschläger und Kleinkaliberwaffen augenblicklich sinken. Die Menge teilte sich, sodass ein breiter Spaliergang frei wurde. „Was ist das? Nimmt sie Krokodil-Droge?", hörte ich jemanden mit hartem Akzent auf der linken Seite flüstern.

„Guckst du, Alter", kam es von der rechten zurück, „das ist Bindehaut!"

„Oder Augengrippe", sagte jemand Drittes.

Sofort wurde das Spalier um zwei Meter breiter.

Ein Mann in schwarzen Lederklamotten legte zitternd ein Maschinengewehr und ein Päckchen Koks vor mir ab. „Hier, kannste haben, aber zieh ganz schnell weiter, Alter!"

Ich nahm beides an mich und lief auf direktem Weg zur Augenarztpraxis.

„Tut mir leid", sagte die Sprechstundenhilfe, „aber wir sind übervoll. Als Akut-Patientin können Sie jedoch gern unsere Partnerpraxis in Ottendorf-Okrilla besuchen."

„Niemals!", schrie ich entschlossen und zückte das Maschinengewehr.

„Okay, okay", sagte die Sprechstundenhilfe, die diese Art von Patientenreaktion hier in der Eisenbahnstraße vermutlich schon gewohnt war. „Gehen Sie einfach zu Dr. Attila durch."

Dr. Attila verschrieb mir Augentropfen und verkaufte sie mir gleich schwarz für zweihundert Euro und das Päckchen Koks. Weil die Bereitschaftsapotheke an diesem Abend genau am anderen Ende der Stadt lag, willigte ich ein. Dann tropfte ich mir den Shit in die Augen. Es war ein befreiendes Gefühl. Ich lächelte Dr. Attila erleichtert an.

„Wenn Ihre Tränensäcke wieder weniger als ein Drittel Ihres Gesichts einnehmen, dann kommen Sie doch gern mal zum Lasern", ermutigte er mich.

Ich nickte nur und suppte dabei ein letztes Mal ein bisschen Augensekret auf seinen teuren Orientteppich. Dr. Attila lachte nur darüber, dann führte mich sein Desinfektionsmitarbeiter nach draußen.

Die schönsten Abgründe des Alltags:

OFFLINE SEIN

Ich habe eine neue Geschäftsidee entwickelt. Ich bin jetzt Workshop-Leiterin. Mein Seminar heißt *„Offline sein“*. Hier ist mein erstes Seminarprotokoll.

Es ist 8.30 Uhr und wir haben uns nach dem Frühstück im Gruppenraum *„Eberesche“* des katholisch-ökologischen Landschulheims *„Waldfrieden“* verabredet. Einige der Kursteilnehmer tippen verunsichert auf ihre *iPhones*, der Empfang ist schlecht.

Peer, 42, Social-Media-Manager bei einem Online-Versandhaus, fingert aufgelöst an seiner Mickey-Mouse-Krawatte herum. Das *YouTube*-Video, in dem Schritt für Schritt vorgemacht wird, wie man sich einen doppelten Windsorknoten bindet, stockt immer bei 1:34. Ich teile Peer mit, dass für unser Seminar ein ganz einfacher Krawattenknoten völlig ausreicht. Dann räume ich ihm und den restlichen Teilnehmern fünf Minuten ein, um das letzte Mal zu twittern. Der letzte Tweet ist Programmpunkt Nummer eins meines Offline-Seminars und symbolisiert den Abschied von der Online-Welt für die nächsten vierundzwanzig Stunden.

Nachdem die fünf Minuten um sind, sammele ich alle internetfähigen Geräte ein. Roland, extrem fettleibig und Software-Entwickler bei *IBM*, fängt an zu knurren, als ich ihm sein *Blackberry* aus den Händen nehme. Aber als Seminarleiterin habe ich Grundaggressionen einkalkuliert. Ich rufe Ronny und Maik in den Raum, die Bufdis des Hauses. Ich habe ihnen versprochen, dass sie mit allen Geräten, die sie einsammeln, auch spielen dürfen. Sie sind hoch motiviert und jeweils knapp zwei Meter groß.

Roland knickt ein.

Nachdem Ronny, Maik und alle Geräte aus dem Raum verschwunden sind, sitzen wir stumm im Kreis. Das ist Programmpunkt zwei: Überlegen, was man ohne Internet machen kann.

Sabine, Online-Referentin im Bundesministerium für Umwelt, Naturschutz und Reaktorsicherheit, entdeckt den extra im Regal platzierten Baukasten als Erste. Jeder darf sich Bausteine aussuchen, die wir nach und nach aneinanderlegen. Steffen, 29, Webdesigner beginnt leise eine russische Melodie zu summen. Die richtige *Tetris*-Stimmung will trotzdem nicht aufkommen.

IBM-Roland formuliert eine revolutionäre Idee. Er schlägt vor, dass die Gruppe vor die Tür gehen könne. Bei *Google Earth* habe er gesehen, dass es hier schöne Natur geben soll. Sein Vorschlag erntet Skepsis in der Runde. Es wird kritisch diskutiert. Aus Mangel an Alternativen geht sein Wunsch letztendlich durch. Eine Dreiviertelstunde später stehen alle mit dicken

Jacken, Schirmmützen und einer ordentlichen Ladung Antiallergika draußen vor der Tür. Ich weise die Kursteilnehmer darauf hin, dass der Juni in unseren Breiten ein Wärmemonat ist und dass die Wärme sogar bis in die Natur vordringt. Peer möchte seine Jacke trotzdem lieber anbehalten.

Wir gehen einen Waldweg entlang und kommen zu einem kleinen Bach.

„Wusstet ihr, dass *Adobe* nach einem Fluss benannt wurde?", fragt Steffen.

„Und *Apple* nach einem Apfel?", fügt IBM-Roland hinzu.

Alle schweigen. Wehmut kommt auf. Als ein kleiner blauer Vogel an uns vorüberfliegt und fröhlich vor sich hin zwitschert, bricht Sabine in Tränen aus.

Der emotionale Tiefpunkt des Workshops ist erreicht. Ich gehe zu Phase drei über: Sprung ins wilde Leben oder Vertrauen durch Irritation.

Ich rufe Ronny und Maik in der Herberge an. Alle schauen neidisch auf mein Handy, dabei ist es nicht mal internetfähig. Ronny und Maik kommen mit dem alten Herbergsbus und fahren uns in den nächsten Ort, ein Fünfhundert-Seelen-Dorf.

„Was wollen wir hier denn machen?", fragt Peer mit hängenden Schultern.

„Illegal Musik besorgen", sage ich.

Wir gehen zu dritt in den Dorfkonsum, Sabine steht draußen Schmiere.

Im Laden gibt es genau drei CDs. Einmal Roger Whittaker *„Meine größten Erfolge“*, dann *„Bravo Hits 4“* und eine *Sinnlos-Telefon*-CD. Wir versuchen uns möglichst unauffällig zu verhalten.

Es klappt nicht.

„Sie wünschen?“, fragt die Verkäuferin.

IBM-Roland und Webdesign-Steffen werden unsicher. Auf direkte Kommunikation mit körperlich anwesenden Fremden sind sie nicht vorbereitet.

Peer rettet die Situation.

„Ähm ... Ich hätte gern etwas von dieser hübschen gelben Ladentheke da drüben.“

„Vom Post-Point?“, fragt die Verkäuferin.

„Ja, davon hätte ich gern was.“

„Haben Sie etwas zu verschicken?“, fragt die Verkäuferin.

„Nein.“

„Wollen Sie Briefmarken kaufen?“

„Briefmarken?“, fragt Peer.

„Das sind Wertmarken, die man auf Papierumschläge klebt, in denen beschriebene Blätter stecken, mit denen man eine Versandabsicht verfolgt“, flüstere ich ihm zu.

„Irre!“, sagt Peer.

„Wollen Sie jetzt Briefmarken kaufen oder nicht?“, fragt die Verkäuferin.

Peer nickt und zückt seine Visa-Karte. Die Verkäuferin verdreht die Augen.

In diesem Moment kommt Sabine in den Laden gestürmt. „Es gibt hier im Ort ein Internet-Café! Es gibt tatsächlich ein Internet-Café!“, schreit sie laut.

Alle rennen aus dem Geschäft.

Zehn Minuten später sehe ich die ganze Gruppe grinsend an einer Bushaltestelle sitzen.

„Sabine, wie kommst du denn darauf, dass es hier ein Internet-Café gibt?“, frage ich.

„Ich wollte nur den Prozess beschleunigen“, sagt Sabine und zieht eine CD aus der Tasche.

Am Abend sitzen wir mit Ronny und Maik in der Herberge, trinken Apfelkorn und hören Roger Whittaker *„Meine größten Erfolge“*. Mit jeder Runde *Berentzen* wird die Stimmung besser. Gemeinsam gründen wir die Gruppe *„Abschied ist ein schweres Schaf, aber Roland ist schwerer“*. Sabine lässt sich ihre Freundschaft von Steffen und Peer in einem kleinen Notizbuch bestätigen. Als die Stimmung richtig am Kochen ist, schreibt alle zwei Minuten jemand eine fröhliche Statusmeldung auf die Schiefertafel neben der Tür.

Später gehen Roland und ich noch einmal nach draußen. Roland hat „Nacht“ nämlich noch nie live gesehen. Draußen gurren die Tauben, zirpen die Grillen und rufen die Käuzchen.

„Mensch, hier geht ja einiges“, sagt Roland zur Nacht, zum Wald und zu den Tieren.

Er hat es begriffen, denke ich. Dann gehen wir nach drinnen und schalten die Smartphones wieder ein.

Die schönsten Abgründe des Alltags:

SAUNAGRUPPEN

Wir hatten uns die Lappland-Sauna am Bagger ausgesucht, weil sie die billigste war. Die billigste mit Seezugang. Außerdem gab es dort eine Panorama-Sauna. Nackt und schwitzend auf sanfte Wellen schauen – was konnte es Schöneres geben?

Doch der Blick aus der Panorama-Sauna am Bagger spiegelte die Bescheidenheit des Eintritts in beeindruckend adäquater Weise wider. Durch das große Saunafenster sah man zuerst auf einen Metallzaun. Dahinter erstreckte sich ein schmales Pfützchen See. Und dahinter erkannte man die düsteren Umrisse einer Neubaublockreihe.

Nach dem ersten Saunagang lief ich nach draußen zum Bagger. Ich tippte mit dem großen Zeh ins Wasser. Der See war so kalt wie ein österreichischer Berggletscher. Trotz seiner Winzigkeit. Ich vermutete dahinter eine chemische Reaktion auf Tagebau-Altlasten.

„Lass uns lieber drinnen duschen", schlug ich meinem Saunabegleiter Tom vor.

Tom war sofort einverstanden.

Auf einer Tafel im Aufenthaltsbereich las ich: *„20 Uhr Aufguss Panorama-Sauna"*.

„Wollen wir dahin?“, fragte ich Tom, doch der kam nicht zum Antworten, weil in diesem Moment jemand durch den Raum brüllte: „Isch bestell schon mal neun Sülze mit Bratkartoffeln vor!“

Die Sauna verfügte über ein kleines Restaurant mit Holzbänken und rot karierten Tischdecken. Ein paar Nackte saßen herum und tranken Weißbier. Es sah gemütlich aus. Wie eine Mischung aus FKK-Club und *Musikantenstadl*.

Ich schaute auf die Uhr: 19.58 Uhr.

„Aufguss?“, fragte ich Tom.

Tom nickte und suchte seine Badelatschen.

Als wir den Vorraum der Panorama-Sauna betraten, hatte der Aufguss schon begonnen. Tom nestelte unschlüssig am Gürtel seines Bademantels. „Sollen wir noch reingehen?“

„Ach, sind doch nur zwei Minuten“, entgegnete ich und riss die Tür auf.

„Oooorrrph!“, machte es mehrstimmig aus dem Dunkel der Sauna heraus. Eine Welle, nein, eine Dampfwolke des Unmuts. Der diensthabende Aufgussmeister drehte sein Haupt in meine Richtung. Er hatte einen weißen Bart und trug eine Kapitänsmütze. Er war der *Käpt'n Iglo* unter den Saunawarten.

„Wenn der Aufguss losgegangen ist, kommt niemand mehr rein!“, herrschte er mich an.

„Entschuldigung, aber einer kommt wohl noch“, entgegnete ich vorsichtig.

Zwei Sekunden später trat Tom durch die Tür.

„Ooorrrpphhh!“, schlug auch ihm die Dampfwolke des Unmuts entgegen.

„Rücksichtslos, dieses Türgeöffne!“, beschwerte sich eine Frau um die fünfzig. Sie trug eine rote Filzmütze in Form einer Erdbeere.

„Das macht eine Runde Klaren!“, bestimmte ein Mann mit grauem Filzhut im Tiroler-Stil. Oberhalb der Krempe war eine weiße Blume aufgestickt, über der das Wort „Edelschweiß“ stand.

Toms Mund verzog sich. „Ich bleibe hier keine Minute länger“, flüsterte er mir zu, und schon klappte die Tür hinter ihm.

„Ooorrrrphhhhh!“, grollte es wieder in der Runde. Es klang noch schärfer als vorher.

Ich war nicht schnell genug gewesen, um Tom zu folgen. Wenn ich jetzt ging, würde das eine neuerliche Türöffnung bedeuten. Ich spürte, wie die Augen der anderen Saunabesucher bedrohlich auf mir ruhten. Ich wagte es nicht, mich zu bewegen, denn wenn ich eins im Leben gelernt hatte, war es, dass man Leuten mit lustigen Hüten niemals in die Quere kommen durfte. Leute mit lustigen Hüten sind in ihrem Inneren nämlich immer finstere, humorlose Menschen.

Also blieb ich sitzen, und der *Käpt'n Iglo*, Chief of Sauna, begann mit einem Handtuch zu wedeln. Das Grollen der Masse verwandelte sich augenblicklich in ein heroisches Stöhnen: „Oaaach! Oaaaaaaaach! Oaaaaaaaaaaaaaaaaaaaach!“ Mir wurde klar, dass die Sauna einen der letzten verbliebenen Ur-Horte wahrer Heldenhaftigkeit darstellte. Hier konnte man leiden, hier konnte man kämpfen, hier konnte man über sich selbst hinauswachsen.

Nach dem Handtuchwedeln wurden schweinische Witze erzählt. Auch das schien zum Ritual zu gehören. Dann fragte der Käpt'n plötzlich: „Will jemand raus, bevor ich die letzte Runde mache?“

„Ich denke, die Tür muss zu bleiben?“, bemerkte ich scherzhaft.

„Oorrrrpph!“, machte die Runde wieder. Niemand ging raus. Der Käpt'n goss auf.

Danach war der Spuk zu Ende. Die Männer stürzten aus der Sauna zur Sülze. Nur drei Frauen blieben sitzen. Sie schauten düster zu mir herüber, dann rückten sie zusammen. *Um mich herum* zusammen. Ein beklemmendes Gefühl stieg in mir auf. Ich musste an den Film *„Winter's Bone“* mit Jennifer Lawrence denken. An die unschöne Szene, in der die arme Jennifer von den Frauen eines Mafia-Clans auf brutalste Weise zusammengeschlagen wird.

„Hör mal“, sagte die Frau mit der Erdbeermütze, „es gibt bestimmte Regeln in dieser Sauna, und denen hat man sich unterzuordnen.“

„Gerade als Neuling“, fügte die Zweite hinzu. Sie hatte rot gefärbte Krissellocken, riesige Brüste und einen ansonsten sehr maskulinen Körper. Wahrscheinlich war sie die Hauptschlägerin.

„Ich wusste das ja nicht“, entgegnete ich unsicher.

„Dann solltest du still sein und nicht noch vorlaute Bemerkungen machen. Nach dem zweiten Aufguss können alle, die Kreislaufprobleme haben, nach draußen gehen. Ist das klar? Vorher bleibt die Tür zu. Ist das auch klar?“

Die drei erhoben sich wie auf ein Zeichen. Die Hauptschlägerin knackte mit den Handgelenken. Ich griff nach einem hölzernen Unterlegbrett zu meiner Linken. Gerade, als ich es zu mir ziehen wollte, flog die Tür auf.

„Der Jürgen! Da hat er doch wieder seine Brille vergessen!“, rief eine Frau ohne Filzhut. Sie nickte ihrem Mann über die Schulter hinweg zu. Die drei Schlägerinnen tauschten genervte Blicke aus, dann ließen sie von mir ab und gingen aus dem Raum. Als sie weg waren, setzte sich das Paar neben mich.

„Jeden Samstag sind sie hier, essen Sülze und spielen sich auf, als ob ihnen der Laden gehören würde. Gut, dass Sie Widerstand geleistet haben. Aber Sie müssen vorsichtig sein“, sagte die Frau und fuhr mit dem Finger über eine große sichelförmige Narbe an ihrem Oberschenkel. Ich schluckte.

„Bleiben Sie lieber noch ein bisschen hier drin. Ist einfach sicherer“, flüsterte ihr Mann. Dann entschwanden beide nach draußen.

Ich senkte den Kopf. Schweißbäche liefen mir über die Stirn. Mein Herz pochte. Ein riesiger Kloß bildete sich in meinem Hals. Nicht das noch, dachte ich, aber es war schon zu spät: Tränen kullerten über meine Wangen. Gleichzeitig begann die Haut am Dekolleté ungesund zu schmerzen und zu brennen. Ich war jetzt etwa fünfundzwanzig Minuten hier drin. Mit Unbehagen erinnerte ich mich an eine Saunaweltmeisterschaft, von der Tom erzählt hatte. Die Letzten, die übrig blieben, waren ein Finne und ein Russe. Der Russe starb im Finale, der Finne gewann und lag drei Monate im Koma.

Es war klar: Ich konnte mich nicht ewig hier verstecken. Jennifer Lawrence hatte sich auch nicht versteckt. Sie hatte die Zähne zusammengebissen.

Obwohl mir schummrig wurde, spürte ich auch, wie die Wut auf diese Sauna-Gang in mir wuchs, und wie diese Wut das letzte Quäntchen Kraft aus meinem völlig überhitzten Körper hervorholte.

„Erdbeermütze!“, schrie ich. „Du kriegst mich nicht klein!“

Dann stürzte ich nach draußen in den See.

Geröteten, aber erhobenen Hauptes machte ich mich auf den Weg ins Sauna-Headquarter. Unterwegs stieß ich auf den zitternden Tom. Weil er der Gruppe nicht begegnen wollte, war er die letzten fünfundzwanzig Minuten immer wieder im Kältebecken abgetaucht.

Wir fielen uns in die Arme. Er kühlte mich. Ich wärmte ihn. Deshalb sparten wir uns den Ruheraum und gingen gleich zur Bar.

„Zweimal Bratkartoffeln mit Sülze!“, bestellte ich laut.

Die Gruppe drehte sich zu uns um. *„Dass ihr es wagt!“*, sagten ihre Blicke.

Aber wir wagten es. Und wir aßen zügig, denn um neun war schon wieder der nächste Aufguss. Diesmal in der 100-Grad-Sauna. Ich zeigte Tom meine Ghettofaust. Er stieß mit seiner dagegen. Dies war ein freies Land. Und wir hatten alle denselben billigen Eintritt bezahlt.

Die schönsten Abgründe des Alltags:

ALTERNATIVE SCHULEN

Ich war elf und es gab nur zwei Gesamtschulen in meiner Stadt: eine integrierte – das waren wir – und eine kooperative – das waren die anderen. Seit Jahren führten wir einen blutigen Krieg gegeneinander, die bevorzugte Waffe im Nahkampf war der Turnbeutel. Jeder hatte ihn immer und überall dabei. Niemand wusste genau, wann der Krieg zwischen unseren Schulen eigentlich begonnen hatte, aber alle kannten das Ziel. Es ging darum, ein für alle Mal klarzumachen, wer die härtere, die krassere Gesamtschule war. Der Chuck Norris unter den Gesamtschulen.

Auch unsere Lehrer lagen mit denen der kooperativen Gesamtschule in einer Blutfehde. Da aber – bis auf die Sportlehrer – niemand unbemerkt mit einem Turnbeutel herumziehen konnte, mussten sie ihren Krieg auf eine subtilere Weise führen. Sie wählten die grausamste Form des tutorischen Wettkampfes: die Reformpädagogik. Das hieß: Im Englisch-Unterricht sprachen wir niemals Englisch, sondern hörten Lieder von unbekannten usbekischen Künstlern, damit uns bewusst wurde, dass Englisch nicht die einzige Sprache auf der Welt war. Im Geografie-Unterricht wurden niemals Bundesländer oder Hauptstädte abgefragt. Stattdessen durften wir afrikanische Galeriewälder kneten und uns zu Ethno-Musik auf den Boden legen, um einen mentalen Kamelritt durch eine arabische Wüstenlandschaft zu machen. Natürlich mit einem original vorgestellten Sandsturm als Highlight.

Kurze Kostprobe: „So, die Klasse 6a schließt jetzt bitte die Augen … Der Wind wird stärker, grobe Sandkörner peitschen gegen deine Haut. Du ziehst deinen schwarzen Beduinen-Umhang tiefer ins Gesicht. Hörst das schrille Pfeifen des Windes. Spürst die Angst deines Kamels …“ Und so weiter.

Als optische Kampfansage legten sich unsere Lehrer eine Art Ethno-Dienstuniform zu. Man erkannte sie schon von Weitem an ihren bunt gebatikten Pluderhosen, an den knielangen Leinenhemden und den selbst gefilzten Hüten. Jedes Mal, wenn ich einen meiner Lehrer in der Stadt traf, schlugen tsunamigroße Wellen des Fremdschämens über mir zusammen. Aber Gott sei Dank trugen die meisten von ihnen kleine orientalische Glöckchen an den Fußgelenken, die ihr Kommen schon von Weitem ankündigten. Trotzdem: Die Situation war suboptimal. Wir Schüler wollten hart sein, so richtig Ghetto, so richtig Bronx – oder wenigstens Rütli. Aber unsere Lehrer wollten Waldorf, Jenaplan und Montessori. Es musste also etwas geschehen.

Und es geschah etwas: Carola kam.

Carola hieß eigentlich Herr Fellhauer, aber weil wir alle so cool waren, durften wir sie Carola nennen. Carola war eine alternative Transsexuelle. Sie trug lange braune Samtröcke und dazu Gummistiefel und sie sollte an unserer Schule ihr Referendariat in Geografie und Sport machen.

Wir wussten, dass ein 1,90 Meter großer Transsexueller, der aussah wie Alice Schwarzer, nicht unbedingt auf unsere School Credibility einzahlte. Doch es kam noch schlimmer: Unsere Turnhalle wurde renoviert und wir mussten während der Bauzeit auf die Turnhalle der kooperativen Gesamtschule ausweichen. Ein Albtraum. Nicht nur wegen der anderen Schüler, sondern auch wegen ihres Sportlehrers, Herrn Ritzer. Herr Ritzer war ein braun gebrannter, muskulöser Typ, von dem es hieß, dass er schon sieben Mal beim *Iron Man* mitgemacht hatte, einmal sogar mit verbundenen Augen.

„Hippies und Schwuchteln raus!", stand an der Turnhallenwand, als wir mit Carola vor der feindlichen Sportstätte aufliefen. Die Kooperativen hatten bereits Barrikaden errichtet, sie sangen: „Zieht den Ethnos die Pluderhosen aus!", es hagelte Räucherstäbchen und Duftkugeln auf uns herab. Herr Ritzer grinste hämisch und zerdrückte eine original peruanische Panflöte mit seinen bloßen Händen.

Carola bahnte sich ihren Weg durch die Menge.

„Ich glaube, wir müssen hier eine Sache ein für alle Mal klären“, sagte sie laut. „Herr Ritzer, ich fordere Sie stellvertretend für meine Schüler zum Ringkampf auf.“

Wir verstummten. Was hatte Carola da vor? Sicher, sie war groß, aber bei Weitem nicht so muskulös wie Herr Ritzer.

Doch Carola machte ernst. Zehn Minuten später erschien sie im braunen Samt-Sportanzug in der Turnhalle. Die beiden Lehrer stellten sich gegenüber. Wir Schüler formten einen Kreis um sie herum. Eine Putzfrau, die als unparteiisch eingestuft wurde, gab das Zeichen zum Kampf.

Carola stand in leichter Hockstellung, Herr Ritzer schnellte wendig wie ein Wiesel umher. Ein paar Angriffe blieben erfolglos. Aber dann bekam Carola Herrn Ritzer zu fassen. Mit Schwung stieß sie ihn seitlich nach unten. Ritzer strauchelte. Sein Kopf näherte sich dem Boden. Carola versuchte ihn in die Bank zu drücken, doch Ritzer rappelte sich auf und konterte mit einem fiesen Spaltgriff. Carola schrie, verlor kurzzeitig die Orientierung. Das nutzte Ritzer aus. Er schmiss sich auf sie und nahm sie in den Schwitzkasten. Carolas Gesicht lief rot an, sie versuchte sich zu befreien, doch Ritzer lachte nur. Carola wand sich, kämpfte, strampelte. Aber Ritzer rückte nicht mehr von ihr ab. Irgendwann wurden Carolas Bewegungen langsamer. Die Kraft schwand aus ihren Armen und Beinen. Der ganze Körper schien plötzlich kleiner zu werden. Es war furchtbar! Carola war unsere einzige Chance, unseren Ruf hier und jetzt zu retten.

Plötzlich fiel mir etwas ein. Ich rief: „Carola, du bist ein Sandsturm! Du wächst und wirst stärker!"

Ein paar meiner Mitschüler kapierten und stimmten ein: „Du bist ein Vulkan, Carola!" – „Du bist eine tektonische Plattenverschiebung!" – „Brich aus, Carola, brich aus!"

Und Carola brach aus. In Sekundenschnelle befreite sie sich aus Ritzers Schwitzkasten, schoss nach oben und schmiss sich mit der Wucht ihres ganzen Körpers auf den Kontrahenten. „Ich bin ein Stein! Ich bin ein großer schwarzer Stein!", schrie sie.

Bevor Herr Ritzer ohnmächtig wurde, bestimmte die Putzfrau den Gewinn nach Punkten für Carola. Mit hängenden Köpfen gaben die kooperativen Gesamtschüler die Hälfte ihrer Turnhalle frei.

Leider wurde Carola nach diesem Vorfall an eine andere Schule versetzt. Aber das war nicht so schlimm, denn wir hatten das Wichtigste ja schon gelernt. Nicht nur für die Schule, sondern für das Leben.

Die schönsten Abgründe des Alltags:

HANNOVER

Wenn man bei *Google Earth* auf die Friedrich-Ebert-Straße in Leipzig zoomt, dann sieht man eine lange Schlange Grauhaariger vor einem Schaufenster stehen.

Nein, das ist keine Montagsdemo. Auch nicht das *Legida*-Headquarter. Der Laden mit der unerklärlichen Anziehungskraft ist ein Reisebüro. Ein Reisebüro, dessen Name eher nach einem Möbelkaufhaus klingt: *„Polster und Pohl"*.

„Frühlingserwachen in Heringsdorf", *„Vatertag in Bad Suderode"* und *„Jahreswechsel im märchenhaften Weserbergland"*, so heißen die Destinationen, die Rentner zu Barcampern werden lassen. Bereits Stunden vor Geschäftsöffnung beziehen sie Stellung vor der Filiale.

Als Schriftstellerin muss ich die realen Abgründe des Alltags bedingungslos ausloten. Deshalb reihte ich mich an einem Dienstagmorgen zusammen mit meinem Kumpel Sebastian in die Schlange ein. Wir vertrieben uns die Zeit mit Halbglatzen-Bingo und Dauerwellenraten. Nach zweieinhalb Stunden landeten wir am Reisebürotresen. Aus einer Liste mit Tagesfahrten wählten wir die, die uns am abgründigsten erschien. Wir buchten *„Hannover – Eine Stadt* *mit vielen Gesichtern*". Kostenpunkt: 21 Euro inklusive Stadtführung und Begrüßungsgetränk.

Ein Preis, dem die Nachkriegsgeneration nicht widerstehen konnte, so viel war klar, doch für Menschen fernab seniler Bettflucht war das Angebot auch mit einer ernst zu nehmenden Zugangsbarriere versehen: Es ging 6.45 Uhr los.

„Warum so früh?", rief Sebastian mit winzigen, vom Schlaf noch völlig zugequollenen Augen am besagten Morgen über den Parkplatz.

Niemand antwortete ihm. Alle saßen schon seit einer halben Stunde auf ihren Plätzen bereit.

Wir kippten den roséfarbenen Plastebecher-Begrüßungssekt blitzschnell herunter. Der Bus startete pünktlich.

Kaum dass die Räder einen halben Meter gerollt waren, ergriff der Reiseleiter das Bordmikro. Er stellte sich selbst als „Reiseleiter Helge" und den Busfahrer als „Busfahrer Rolf" vor. Dann ließ er eine Liste herumgehen, in die man eintrug, wie viele Bockwürste man zum Abendbrot haben wollte.

Mir zog sich der Magen zusammen. Um 6.45 Uhr morgens über Bockwürste nachdenken zu müssen, das war schon irgendwie straight. Doch Reiseleiter Helge legte noch einen drauf. Er gab auch gleich die Mittagskarte aus und verriet dazu, er habe einen guten Freund in einem Hannoveraner Spitzen-Restaurant namens *„Brauhaus Ernst August"*, der uns ein besonders günstiges Angebot mache. Außerdem sei gerade Messezeit und sowieso jedes andere Gasthaus bis auf den allerletzten Platz ausgebucht.

Ich fragte mich, warum gerade das Spitzen-Brauhaus *„Ernst August"* von den Messebesuchern verschmäht blieb, wurde dann aber von Sebastian abgelenkt, der verzweifelt versuchte, sich zwischen Bratwurst, Kasslerbraten und Grünkohl mit Bregenwurst zu entscheiden. Jedes Mal, wenn er sein Kreuz setzen wollte, zwang ihn ein Würgereflex, den Stift wieder sinken zu lassen.

Die rüstige Mittsiebzigerin vor uns schien dagegen einen Terminator-Magen zu haben. Erst kreuzte sie zwei Bockwürste und einmal Bregenwurst an, dann holte sie ihr Frühstück aus dem Rucksack. Ihr meditatives Möhrengeschnurpse ließ mich in einen tiefen, traumlosen Schlaf gleiten, aus dem ich erst wieder erwachte, als wir schon in Hannover waren.

Hier wurde Reiseleiter Helge zu Helge, dem Hannover-Experten. Er ließ uns alle am Rathaus aussteigen und versammelte uns dort vor einem Miniaturmodell der Stadt aus dem Jahr 1945. Es sah ungefähr aus wie Mordor, nur ohne die Festung.

„Zerstörung", konstatierte Helge. „Im Prinzip war alles hier in Hannover nach dem Krieg zerstört. Und zwar zu neunzig Prozent."

Wir nickten.

„Gut", befand Helge. „Nächstes Thema: Das Leineschloss war nach dem Krieg total zerstört. Etwa zu neunzig Prozent."

Wir nickten und wechselten zum Holzmarkt. „Diese wunderschönen Fachwerkhäuser sind nicht echt. Die Fassaden wurden von überallher zusammengetragen. Alles, was früher hier stand, wurde ..."

Helge blickte erwartungsvoll in die Runde.

„... zu neunzig Prozent zerstört?", riefen Sebastian und ich im Chor.

„So und nicht anders", bestätigte Helge.

Die Lektion war verstanden, die Reisegruppe durfte ins *„Brauhaus Ernst August"*. Sebastian und ich stahlen uns lieber davon.

Wir schlenderten durch die Innenstadt. Keines der Lokale, die wir passierten, war von Messebesuchern belegt. Wir entschieden uns für ein nettes kleines Café, das keine Bregenwurst im Angebot hatte. Punkt.

Hier wäre ich eigentlich am Ende der Geschichte angelangt. Aber das ist ein langweiliges Ende. Als Schriftstellerin muss ich die realen Abgründe des Alltags bedingungslos ausloten, und wenn sie zu langweilig sind, einfach das schreiben, worauf ich Bock habe. Deshalb kommt hier Ende Nummer zwei, das Spitzen-Ende.

Als wir im *„Brauhaus Ernst August“* ankamen, war es 11.15 Uhr und der Tisch bereits über und über mit Bregenwurst bedeckt. Die Gruppe rannte darauf zu. Alle fünfzig Reisegäste wollten einen der vier Fensterplätze ergattern. Beigefarbene Handtaschen wurden wie fränkische Wurfäxte geschleudert und riesige Senioren-Handys als Schlagstöcke genutzt. Reiseleiter Helge versuchte, die Gemüter zu beruhigen, indem er über die voll aufgedrehte Dolby-Surround-Anlage *„Ein bisschen Frieden“* von Nicole einspielte. Drei jüngere Seniorinnen setzten sich sogleich andächtig auf drei Nichtfensterplätze und schunkelten im Takt. Die erfahreneren Rentner drehten rasch die Hörgeräte herunter und kämpften weiter.

Dann ging Helge zur nächsten Stufe über.

„Ich habe da noch ein spezielles Sparangebot“, rief er durch ein eilends herbeigeholtes Megafon.

Plötzlich war absolute Stille im Raum.

„Mit diesem Gutschein“, verkündete Helge, „bekommen Sie …“ Alle Augen waren auf ihn gerichtet. „… zur Tourismusmesse …“ Die Atmosphäre war nahezu elektrisch aufgeladen. „… einen …“ Kunsthaarperücken knisterten. „… großen“, ergänzte Helge und schrie mit letzter Kraft: „Einen großen Kaffee und ein *Mon Chéri* gratis!“, bevor alle auf ihn zustürzten und ihn vollends unter sich begruben.

Helges Drama war, dass er sich verzählt hatte. Er hatte nur fünfundvierzig statt der notwenigen fünfzig Gutscheine mitgebracht. Der Krieg schwelte erneut auf. Und er wurde noch härter. Teller mit Grünkohl und Bregenwurst schnellten als tödliche Wurfgeschosse durch die Luft. Gebisse wurden aus Mündern gerissen und als fiese Schnappinstrumente in Weichteile gedrückt. Der Inhalt wohlsortierter Montag-bis-Sonntag-Pillen-Boxen ergoss sich in die Rachen unterlegender Kontrahenten, um sie betäubt und willenlos zu machen.

Gott sei Dank zeigte sich die Rentnerkraft irgendwann erschöpft. Nach einem vierzigminütigen Gemetzel kehrte allmählich Ruhe ein. Doch der Speisesaal war kaum wiederzuerkennen. Die Einrichtung war zerschlagen, über den Trümmern klebte überall Bregenwurst. Sebastian und ich standen neben Helge, der alles still aus einer Ecke heraus beobachtete hatte.

„Es ist immer das Gleiche", sagte er und schrieb in das Gästebuch: *„Brauhaus Ernst August mal wieder zu neunzig Prozent ...*" Dann schaltete sich die hauseigene Sprinkleranlage ein.

Die schönsten Abgründe des Alltags:

SPIESSER-VIERTEL

Ich hätte es wissen müssen. Spätestens, als ich zum ersten Mal in meinem neuen Späti vorbeischaute und dort statt Bier Bio-Gemüse und Babynahrung fand, hätte ich es wissen müssen. Ich war umgezogen, hatte das Viertel gewechselt und war von der Partymeile in ein logistisches Niemandsland gekommen. Im Umkreis von einem Kilometer gab es keinen einzigen Döner-Laden. Nur ein Geschäft für Öko-Kinderklamotten, einen Hundesalon namens *„Hundum"* und ein Atelier für Holzblasinstrumente. Mein Vermieter sagte mir: „Nachts ist es hier so ruhig, dass man eine Stecknadel fallen hören kann."

Ich war unsicher, ob er das wortwörtlich meinte, deshalb probierte ich es aus. Gegen 23 Uhr stellte ich mich vors Haus. Vorsichtig streckte ich meinen linken Arm aus, zwischen Daumen und Zeigefinger klemmte eine blauköpfige Stecknadel.

Pling!

Kaum dass die Nadel zu Boden gefallen war, öffneten sich die ersten Fenster. Erboste Familienväter schoben mit geballten Fäusten die *Ado*-Gardinen beiseite. Neben ihnen bogen zornige Mütter spätgeborener Einzelkinder rücksichtslos die Ranken ihrer selbst gezüchteten Zimmerfarne auseinander. Sie suchten mich. Sie wollten Rache – Rache dafür, dass ich ihre lieben Kleinen im Schlaf gestört hatte.

Ich zog mir meine Kapuze tief ins Gesicht, ließ die Stecknadel liegen, wo sie war, und rannte los. Ich lief in den Park, hastete ein paarmal quer über die Wiesen und wusste nicht weiter. Zurückkehren ging noch nicht. Sicher hatte meine neue Nachbarschaft schon eine Patrouille organisiert, die jetzt den Ort des Geschehens bewachte.

Ich ließ mich im Windschatten einer Brückenmauer nieder. Tagsüber saß hier immer ein Mann mit einem Keyboard, der abwechselnd DDR-Pop und Elton-John-Lieder spielte und dessen Stimme immer so klang, als ob er gerade einen tiefen Zug aus einem Heliumballon genommen hatte.

Ich seufzte. Was hätte ich dafür gegeben, jetzt aus seinem Munde *„Als ich fortging, war die Straße steil“* zu hören.

Ich stand auf und schaute hinunter aufs Wasser. Es floss schwarz und träge vor sich hin. Plötzlich musste ich an die Katze aus meinem Haus denken. Es war eine große Katze, eine mächtig große Katze. Euphemistisch ausgedrückt. Wahrscheinlich wog sie so viel wie ein Kleinwagen. Ich hatte sie *Adipositas* getauft. Da unser Haus keinen Fahrstuhl besaß und sie die Treppe mit ihren fetten Beinen nicht hochkam, blieb Adipositas immer im Hof. Frauchen hatte ihr dort eine Katzenhütte gebaut und brachte ihr im dreistündigen Rhythmus warme Fleischmahlzeiten nach unten. Meistens Rind.

Ich überlegte, ob man Adipositas überhaupt noch auf eine Almwiese lassen konnte oder ob sie dort sofort die Kühe anfallen würde, wo sie doch einmal auf den Geschmack von Rindfleisch gekommen war. Vielleicht sollte ich Frauchen mal dazu befragen. Aber Frauchen schien kein allzu großes Interesse an biologischen Fragestellungen zu haben, Frauchen nannte die Katze nämlich *Harald*. Ich grübelte darüber nach, warum Frauchen niemand gesagt hatte, dass man eine Katze mit zwei Löchern nicht Harald nannte. *Susi* vielleicht oder *Muschi* meinetwegen, aber nicht *Harald*. Egal, ich blieb bei *Adipositas*. Und Adipositas blieb bei mir, genauer gesagt, auf meinem Balkon.

Ich muss anmerken, dass meine Wohnung im Erdgeschoss liegt. So richtig tief im Erdgeschoss. „Halb-Souterreng", hatte mein Vermieter dazu gesagt. Wer weiß, was er damit meinte, auf jeden Fall stellte es selbst für Adipositas kein Hindernis dar. Nachdem schon in der ersten Woche mein Liegestuhl unter ihrem Gewicht zusammengebrochen war, lag die Katze jetzt einfach bratschebreit wie ein aufgedunsener Flokati-Teppich auf dem Balkonboden.

Anfangs hatte ich noch versucht, sie wegzuscheuchen. „Schsch! Geh weg, du fette Katze, du Fell-

Specki, du Mast-Mietze!“ Aber Adipositas hatte nicht mal den Kopf gehoben. Stattdessen war zwei Stockwerke über mir das Fenster aufgegangen und Frauchen hatte zu mir heruntergebrüllt, dass ihr Harald eine Stoffwechselkrankheit hätte und dass man ihn deswegen nicht diskriminieren dürfe. Seitdem ließ ich Adipositas einfach immer da liegen, wo sie war. Ab und zu stellte ich meinen voll behangenen Wäschetrockner auf sie drauf, aber das schien sie nicht weiter zu stören.

Ich streckte meine Hand aus, um die Katze zu streicheln. Dabei stellte ich fest, dass ich ja immer noch auf der Brücke stand. Es war mittlerweile drei Uhr. Langsam wurde es ganz schön kalt hier draußen.

Ich dachte an die Nachbarschaftspatrouille in meiner Straße. Ob ich mich schon zurücktrauen konnte?

Zögerlich lief ich in Richtung Wohnung. Als ich in meine Straße einbog, zog ich vorsichtshalber die Schuhe aus. Vor meinem Haus trat ich in die blauköpfige Stecknadel. Ich biss mir auf die Lippen und schloss, so leise es eben ging, die Tür auf. Von meiner Küche aus ging ich noch mal auf den Balkon. Adipositas schlief ruhig und friedlich auf dem Boden. Um uns herum war alles dunkel.

Ich muss mich mit meiner neuen Umgebung versöhnen, schoss es mir plötzlich durch den Kopf.

Ja, ich musste mich mit meiner neuen Umgebung versöhnen, und ich sollte bei der Katze anfangen. Ich holte den Zehn-Kilo-Eimer Puszta-Salat mit Rindfleischeinlage, der noch von meiner Einweihungsparty übrig geblieben war. „Posi“, rief ich sanft. „Schau mal, Posi, Rindersalat!“

Die Katze öffnete die Augen. Für den Bruchteil einer Sekunde schien es, als nicke sie mir kumpelhaft zu. Dann tauchte sie ihren Kopf in den Eimer.

Die schönsten Abgründe des Alltags:

ZAHNSPANGEN

Es war das Jahr 1994, *Ace of Base* waren mit *„I saw the sign"* gerade auf Platz 1 der *Bravo-Charts*, und mein Leben war zerstört. Der Mann, der mein Leben zerstört hatte, hieß Axel Tauchmann und war Kieferorthopäde.

Dr. med. Axel Tauchmann hatte das schiefste Gebiss, das man sich vorstellen konnte. Jeder Zahn zeigte in eine andere Richtung, einer war sogar verkehrt herum in den Gaumen eingewachsen. Die Wurzel ragte aus seinem Kiefer wie eine winzige verkrüppelte Hand. „Willst du später auch mal so aussehen?", fragte mich meine Mutter. Ich verschluckte mich vor Schreck fast an meinem Flöten-Lolli.

„Siehst du? Und deswegen bekommst du jetzt eine schicke Zahnspange."

Eine schicke Zahnspange. Meine Mutter hätte genauso gut sagen können: eine hübsche Beinprothese, einen netten kleinen Fußpilz oder eine schöne Tasse heiße Pisse.

Nur drei Jahre später hätte ich gewusst, dass es sich hierbei um ein Oxymoron handelt, eine rhetorische Figur, die zwei absolut gegensätzliche Begriffe zu einer zynischen Einheit verbindet. Aber es war nicht drei Jahre später, es war 1994, *Ace of Base* waren immer noch auf Platz 1 der *Bravo-Charts*, und die Schwester drückte mir ein Schäufelchen mit rosafarbener Plastemasse in den Mund. „So, jetzt schön stillhalten und möglichst wenig würgen."

Ich würgte möglichst wenig, aber es war ihr immer noch zu viel. Ein Stück Plastemasse hatte sich von dem Schäufelchen gelöst und sich wie ein Pfropfen über meine Speiseröhre gelegt. Ich schluckte. Der Pfropfen zog sich noch ein Stück tiefer in die Speiseröhre hinein, gleichzeitig kam der Assiettenfisch vom Mittag wieder hoch.

Ich versuchte, mir heimlich in den Mund zu greifen, um die Plaste zu entfernen, aber die Schwester ließ mir das nicht durchgehen. „Dr. Tauchmann wird jetzt mal dafür sorgen, dass du den Abdruck nicht verschiebst."

Dr. Tauchmann kam mit einem Packen Kabelbinder. „Ist ja nur für 'ne Viertelstunde", sagte er.

Nachdem meine Arme an den Zahnarztstuhllehnen festgezurrt waren, verließen der Doktor und die Schwester kurz den Raum. Ich sollte mir schon mal Farben für meine Spange aussuchen. Ich entschied mich für eine Kombi aus Grün und Lila, wobei Lila glitzerte und Grün nicht.

„Das hätte ich auch genommen, wenn es damals schon Spangen gegeben hätte", sagte Dr. Tauchmann und zeigte mir sein gruseliges Lächeln.

Anderthalb Wochen später war die Spange fertig.

Dr. Tauchmann machte ein feierliches Gesicht. Er hatte meine Spange auf ein Tellerchen gelegt und mit einem weißen Hygienetuch abgedeckt.

„Ta-daa!“, jubilierte er, als er das Tuch wegzog.

„Was ist das denn?“, fragte ich. Vor mir lag ein lila-grünes Etwas – wobei Lila glitzerte und Grün nicht –, und dieses Etwas hatte da, wo andere Spangen einen einfachen Plastikgaumen haben, zwei senkrecht emporragende Metallstreben.

„Das ist eine Überbisskorrekturspange“, erklärte mir Dr. Tauchmann.

Das Böse hat einen Namen, dachte ich.

Im Wartezimmer empfing mich meine Familie. Alle meine acht Tanten und Onkel waren gekommen, um zu sehen, was ihren eigenen Kindern noch bevorstand und wie man als Elternteil damit umging.

„Du bist jetzt eine Wasserkobra“, sagte mein Vater zu mir, während er meine metallenen Giftzähne betrachtete. Er hatte mal in irgendeinem Pädagogik-Buch gelesen, dass man Kinder mit Fantasie für alle möglichen Dinge begeistern konnte. Seitdem hatte er Aufräumen in „Schatzsuchen“, Staubwischen in „Schrankwand-Kitzeln“ und Den-Müll-Runterbringen in „Expedition ins Tierreich“ umgetauft. Wegen der Ratten im Hof. Doch dafür hatte ich natürlich jetzt gar keinen Nerv. Ich riss mir die Spange aus dem Mund und knallte sie vor mir auf den Tisch.

„Ganz schön stümperhaft geschweißt“, sagte mein Onkel Manfred, der Schlosser war.

„Egal, das Ding kommt wieder rein, das war sauteuer!“, bestimmte meine Mutter und stopfte mir die Spange zurück in den Mund.

„ELD, ELD, ELD, so ’ne Scheihe!“, sagte ich und bemerkte, dass das Ding nicht nur stümperhaft geschweißt und sauteuer war, sondern dass es mir gleichzeitig auch noch jede Fähigkeit zu würdevoller Konversation versagte. Mit gesenktem Kopf verließ ich die kieferorthopädische Praxis von Dr. med. Axel Tauchmann. Meine Familie trottete hinter mir her.

Unten auf der Straße kam mir Tobias Grün entgegen. Er war der coolste Junge der Schule. Er besaß neben einem super Charakter auch drei echte *Pash*-Hosen. Eine in Schwarz, eine in Blau und eine in Orange.

„Hey, Franzi, willste am Samstag zu meiner Gartenparty kommen?“, fragte er.

Was für ein schöner Mann, dachte ich. Großartiger Topfschnitt.

Ich nickte.

„Gut“, meinte Tobias, „dann sag mir mal deine Adresse, mein Vater holt dich ab.“

Meine Familie hinter mir begann zu tuscheln. Egal. Ich stellte mich möglichst lässig hin, holte einmal tief Luft und sagte: „HAH-HAILA-STRAHA HIERHUNDREIHI.“

„Was is' denn das für ein krasses Teil?", fragte Tobias Grün mit dem gleichen entsetzten Blick, den Brandon Walsh von *Beverly Hills 90210* draufgehabt hatte, als er erfuhr, dass seine Kumpel Dylan Alkoholiker war.

Ich zeigte auf die Metallstreben an meiner Spange. „Das ist eine Wasserkobra", sagte ich – oder vielmehr: Ich versuchte es zu sagen. Meine kleine Schwester musste mich übersetzen.

„Na ja, dann ...", sagte Tobias und machte sich davon, ohne dass ihm meine Schwester noch einmal meine Adresse übersetzten konnte.

„Mach dir nichts draus, der hatte eh keinen Arsch in der Hose", versuchte mich meine Mutter zu trösten.

„Mit einer *Pash* hat niemand einen Arsch in der Hose", sagte ich. Aber sie verstand mich nicht.

Ich beschloss, mich für die nächsten zwei Jahre aus dem öffentlichen Leben zurückzuziehen, an ein paar Songs zu basteln, meine Singstimme zu trainieren und dann – nach dem Wegfall meiner Spange – als Popstar neu anzufangen.

Noch am selben Tag funktionierte ich mein Kinderzimmer zum Musikstudio um und begann zu üben. „I HAW THE HIGN, I OPEND UP HY EYES, I HAW THE HIGN ..." Englisch klang eigentlich auch mit Zahnspange ganz gut.

Die schönsten Abgründe des Alltags:

SMOOTHIE-MAKER

Obwohl ich inzwischen schon ziemlich alt bin, stelle ich mit Verwunderung fest, dass es immer noch Dinge gibt, die mich ins Grübeln bringen. Zum Beispiel Sellerie. Es gibt ihn tatsächlich als Stange und auch als Kugel. Zwei Ausfertigungsvarianten für ein und dasselbe beschissene Gemüse.

Obwohl – ich habe meine Einstellung zu Sellerie inzwischen verändert. Lange Jahre habe ich ihn einfach nur gehasst. In der Suppe. Im Mischgemüse. Als Sellerieschnitzel in der Mensa. Bäh! Aber jetzt respektiere ich Sellerie.

Wie ich zu dieser Erkenntnis gelangt bin?

Das kam so: Letztens spielte ich *„Wer bin ich?"*, also das Spiel mit den Klebezetteln, mit meiner Cousine und ihrer neunjährigen Tochter. Weil wir nicht so viel Zeit hatten, beschränkten wir uns auf Küchengeräte. Ich war ein Toaster. Meine Cousine eine Kaffeemaschine. Und ihre Tochter ein Smoothie-Maker.

„Ein Smoothie-Maker? So ein Schrott!", sagte ich. „Jeder x-beliebige Mixer kann das doch. Man zerhäckselt Obst, kippt Flüssigkeit dazu – Bums, fertig! Smoothie gemaked."

Dieser Spezialisierungswahn in deutschen Küchen

nervte mich. In den Neunzigern fing es mit dem Eierschneider an. Den hätte ich vielleicht noch ertragen können, weil man auf seinen Metallsehnen so schön Musik machen kann. Aber dann kamen das Brötchenmesser, der Kiwi-Löffel, der Orangen-Peeler, das Grapefruit-Besteck und der Spiralschäler für Gemüsespaghetti.

Ich sagte zu meiner Cousine: „Wenn Gott gewollt hätte, dass wir jeden Schruz mit einem Spezialbesteck bearbeiten, dann hätte er dafür gesorgt, dass Küchen so aussehen wie Lagerhallen von *Zalando*. Mit Gabelstaplerfahrer und Logistikmanager, den man fragt: ‚Lutz, wo ist jetzt der Avocado-Slicer?' Und der antwortet dann: ‚Regalreihe 52D. Gabelstapler-Klaus fährt gleich los!'"

Meine Cousine kicherte und hob ihre Kaffeetasse. „Auf Gabelstapler-Klaus!" sagte sie.

„Auf Logistik-Lutz!", prostete ihre Tochter.

Zu Weihnachten bekam ich dann einen Smoothie-Maker geschenkt. Von meiner Cousine.

„Dafür wirst du in der Hölle schmoren!", sagte ich zu ihr.

„Das war es mir wert", gab sie zurück und nuckelte diabolisch an einem frisch zubereiteten Kiwi-Papaya-Smoothie.

Am Abend saßen mein neuer Smoothie-Maker und ich zusammen in der Küche. „Erst Trump – und jetzt du", sagte ich zu dem Gerät.

Als Antwort ließ ich ihn einmal im Leerlauf aufheulen. Es klang irgendwie provozierend. Wahrscheinlich lag es an seinem starken Motor.

Na warte, dachte ich, jetzt bekommt hier jemand einen Smoothie, der sich gewaschen hat!

Ich öffnete meinen Kühlschrank, holte Bananen hervor, tiefgekühlte Himbeeren, Buttermilch, Kokosmilch und eine Packung Zervelatwurst. Ich mixte alles zusammen und weckte meine Cousine, die drüben im Wohnzimmer schlief.

„Hier, trink mal!", sagte ich.

Sie schob sich den Strohhalm zwischen die Lippen und nahm einen beherzten Schluck.

„Mmmh! Lecker!", sagte sie.

Ich probierte auch. Und tatsächlich – es schmeckte hervorragend.

Sofort ging ich in die Küche und bereitete einen Leberwurst-Granatapfel-Smoothie zu. Er schmeckte köstlich. Ebenso war es beim Blutwurst-Feige-Salzstangen- und beim Ananas-Wodka-Perlgraupen-Smoothie. Es war der Wahnsinn. Man konnte den craziesten Shit zusammenmischen. Und egal, was man in diesem Smoothie-Maker zubereitete, es war jedes Mal eine Geschmacksexplosion. Mega! Und diese Häckselleistung! Beeindruckend. Auch die Formschönheit des Gerätes. Alles war so simpel, aber trotzdem nicht schlicht.

Jeden Abend nahm ich den Smoothie-Maker nun

mit ins Bett. Sein sanftes Röhren wiegte mich in den Schlaf und am nächsten Morgen hatte ich gleich einen frischen Kurkuma-Bregenwurst-Lampionfrucht-Smoothie vor mir, der wirklich alle Lebensgeister weckte.

Nur an eine Sachen hatte ich mich bisher in puncto Smoothie-Making noch nicht herangetraut: an Sellerie. Wie gesagt, ich hasste Sellerie. Schon immer. Schon allein der Geruch. Bäh! Aber jetzt wollte ich es wissen.

Ich ging also in den nächsten Supermarkt und suchte den Sellerie auf. Natürlich war ich aufgeregt. Ich hatte Sellerie noch nie in seiner natürlichen Umgebung gesehen, sondern immer nur verarbeitet. Es gab ihn als Kugel und als Stange. Ich nahm beides mit. Zu Hause mixte ich den Sellerie mit den zungenschmeichelnden Premium-Zutaten jedes Smoothies zusammen: Banane und Mango.

Ich makte den Smoothie langsam und gewissenhaft. Eine halbe Stunde lang drückte ich auf den Rührknopf, bis ich einen Krampf im Finger bekam und das Innere des Makers zu glühen begann. Erst dann füllte ich das Smoothie-Sekret in ein Glas. Mit dem schönsten Strohhalm, den ich finden konnte, probierte ich einen winzigen Schluck. Ich ließ die Flüssigkeit langsam an Gaumen und Zunge entlanggleiten. Meine Cousine beobachtete mich dabei. Ich schluckte. Sie sah mich fragend an.

„Haha!“, machte ich. Denn es schmeckte scheiße.

Sellerie war das einzige Nahrungsmittel, das selbst in einem Smoothie-Maker zubereitet einfach nur ekelhaft blieb. Das zeugte von Charakter. Mir wurde bewusst, dass ich dieses Gemüse jahrelang unterschätzt hatte. Es war wie ein kleines gallisches Dorf, das Widerstand leistete, wie ein *Amazon*-Mitarbeiter, der privat alles nur mit Bargeld kaufte, oder wie der letzte einsame User auf *StudiVZ*.

Ich legte die eine Hand auf den übrig gebliebenen halben Stangensellerie, die andere auf den halben Kugelsellerie. „Respekt!“, sagte ich. „Respekt, Mädels!“ Dann warf ich den Smoothie-Maker aus dem Fenster.

Die schönsten Abgründe des Alltags:

CHRISTENROCK

Im Prinzip waren wir sechs, aber meistens nur vier. Indie-Torsten, Checke Vara, Petra Schranzer und ich. Manchmal kamen noch die Koffler-Zwillinge dazu, aber nur, wenn sie kein Training hatten, und Training hatten sie ziemlich oft. Zusammen waren wir die *„Pumpkin Pie Penny Peckers"*, die erste Nachwuchsband, die es geschafft hatte, beim Stadtteilfest weder ausgebuht noch mit Bierflaschen beworfen zu werden. Das lag vor allem daran, dass an diesem Tag die Koffler-Zwillinge mit auf der Bühne waren, die besten Boxer des Viertels.

„Aber vielleicht hat denen die Musik ja auch wirklich gefallen", sagte Indie-Torsten, unser Leadsänger, nach dem Auftritt.

Indie-Torsten hatte von Natur aus wasserstoffblondes Haar und von Geburt an einen stark ausgeprägten Hang zu ausgeleierten Wollpullovern, vor allem mit Ringeln. An seinem zwölften Geburtstag hatte er beschlossen, der einzig legitime Nachfolger von Kurt Cobain zu werden. Die alte Wandergitarre seiner Mutter, die aus unerfindlichen Gründen einen Aufkleber des *VEB Traktorenkombinats Thomas Müntzer* trug, war von da an seine ständige Begleiterin. Bei jeder sich bietenden Gelegenheit spielte er darauf *„Come As You Are“*. Er machte das hauptsächlich im Park und um Mädchen zu beeindrucken, doch da Indie-Torsten noch nicht im Stimmbruch und für sein Alter ziemlich klein war, weckte er vor allem die Aufmerksamkeit der umherspazierenden Omas. Sobald sie ihn sahen, stellten sie ihre Entenfüttertüten ab, hockten sich im Kreis um ihn herum auf die Wiese und klatschten enthusiastisch bei den Refrains mit. Wir anderen vermuteten, dass er sie irgendwie an den jungen Heintje erinnerte. Aber das sagten wir Indie-Torsten lieber nicht.

Da der Park direkt an ein Seniorenheim grenzte, erlangte Indie-Torsten dort schnell große Bekanntheit. An einigen Sonntagen versammelten sich volksfestartige Menschentrauben weißhaariger Lockenköpfe, die „Torsti, Torsti!“ riefen und ihm selbst gestrickte Ringelpullover zuwarfen.

Er freute sich darüber. Stratege, der er war, dachte er an die vielen hübschen Enkelinnen, die ihre Omas ja auch hin und wieder besuchen kamen und bei denen er sich hervorragende Chancen ausrechnete. Das überzeugte selbst Checke Vara, unseren Bassisten. Und auch wenn sein Bass im Park nicht besonders kräftig klang, waren die Omas begeistert. Petra Schranzer behauptete, das läge daran, dass Checke sie an den jungen Rex Gildo erinnere. Ich hatte meine Zweifel, dass Rex Gildo jemals zwölf gewesen war. Meiner eigenen Theorie nach war er erst kurz vor dem *„Fiesta Mexicana"*-Song in irgendeinem Forschungslabor aus verschiedenen Einzelteilen zusammengesetzt worden. Aber egal.

Weil wir ja nun mal eine Band waren, besorgte sich Petra Schranzer, die bei uns das Schlagzeug spielte, eine mittelgroße Bongo und ich schnappte mir eine zweite Gitarre und wir zogen ebenfalls in den Park. Mit unserer Ankunft erhöhte sich die Großväter-Quote auf der Wiese spürbar. Keine zwei Wochen später buchte uns die Leiterin des Seniorenheims auf Druck der Bewohner für ihr Sommerfest. Jeder von uns sollte eine Gage von 50 Mark erhalten, selbst die Koffler-Zwillinge, die eigentlich kein Instrument spielen konnten und niemals sangen. Allerdings erklärten sie sich zu einem Showkampf im Vorfeld des Musikprogramms bereit.

Der Auftritt wurde bombastisch. Eine elektrisierte Menge ließ uns vierundzwanzig Zugaben geben, obwohl wir eigentlich nur fünf Songs im Repertoire hatten. Bei *„Come As You Are"* bildete sich eine Polonaise nie gekannten Ausmaßes. Senioren, die eigenständig gehen konnten, Senioren an Krücken, Senioren an Rollatoren und in Rollstühlen reihten sich ein und zogen durchs Heim. Ganz hinten schoben die Zivis die Bettlägerigen im Konvoi. Indie-Torsten und Checke Vara wurden zwölf Büstenhalter in den Größen Doppel-D bis Doppel-F zugeworfen. Außerdem wurden ihnen die Kontaktadressen von vierundsiebzig Enkelinnen im Alter zwischen fünf und dreiundvierzig Jahren zugesteckt. Petra Schranzer und ich waren die meiste Zeit von einer jubelnden Gruppe älterer Galane umringt, die uns Blumen schenkten und ihre Kriegsverletzungen zeigten.

Nach dem Auftritt kam ein hochgewachsener Mann mittleren Alters auf uns zu, der sich als der Leiter eines anderen Seniorenheims vorstellte und uns gleich für sein eigenes Sommerfest buchte. Diesmal sollte jeder sogar 75 Mark erhalten.

Es war klar: Der Ruhm hatte uns erreicht. Über Nacht – oder besser gesagt: in der Zeit zwischen 14 und 17 Uhr, in der unser erstes Sommerfest stattfand – waren wir zu Stars geworden. Und unser Erfolg schien einfach nicht abzureißen. Nach den Sommerfesten wurden wir für die Herbst- und Halloweenfeiern gebucht. Wir beschlossen, unser Repertoire zu erweitern und unserem Publikum dabei entgegenzukommen. Checke Vara und ich übernahmen die Leadstimmen bei einer Grunge-Version von *„Schön ist es, auf der Welt zu sein“*. Indie-Torsten wählte ein unbekannteres Werk von Heintje aus und sang es auf die Melodie von *„Don't Look Back in Anger“* von *Oasis*.

Finanziell lief die Herbstsaison sogar besser als der Sommer. Altenheime in Bayern und Baden-Württemberg waren auf uns aufmerksam geworden. Damit wurde unser Einzugsgebiet noch größer und noch spendabler. Beim Erntedankfest des *Heiligengeistspitals* im bayerischen Bischofswiesen fragte uns ein untersetzter Mann mit Halbglatze, ob wir nicht auch Interesse an Christenrock hätten. Ob katholisch, evangelisch oder Ökumene – er könne uns da interessante und lukrative Auftrittsangebote vermitteln.

Eine Woche später saßen wir bei Herrn Heribert Kingsstein im Büro. „Das Musikgeschäft an sich ist tot", erklärte er uns, doch im Christenrock sei noch etwas zu holen. Nicht nur über Auftritte und CDs, sondern auch über gebrandete Rosenkränze, Kerzen und Konfirmantenbettwäsche. Deshalb sei es an der Zeit, unsere Texte spirituell umzudeuten. Er gab jedem von uns eine CD von Xavier Naidoo, in die wir uns als Hausaufgabe schon einmal reinhören sollten.

Wir verließen das Bürogebäude mit einem seltsamen Gefühl im Magen. Indie-Torsten war der Erste, der etwas sagte.

„Je mehr Erfolg wir im Musik-Business haben, desto mehr kann ich verstehen, warum Kurt Cobain sich umgebracht hat."

Checke Vara und ich nickten.

„Lasst uns doch mal wieder im Park spielen", schlug Petra Schranzer vor, „genau wie damals, als wir noch keine 500 Mark im Monat verdient haben."

„Scheiß Kohle!", sagte ich.

„Scheiß kapitalistisches System", sagte Checke Vara und warf die Xavier-Naidoo-CD in die nächste Grüne-Punkt-Tonne.

Dann liefen wir zu unserem alten Platz im Park und spielten *„Don't Look Back in Anger"* mit dem Text von *„Don't Look Back in Anger"*, und wenn uns jemand eine Münze zuwarf, dann warfen sie ihm die Koffler-Zwillinge sofort wieder zurück. Ohne Erbarmen – und zwar so, dass es jedes Mal richtig zwiebelte.

Die schönsten Abgründe des Alltags:

SCHNARCHEN

Frank hatte schon als Kind geschnarcht. Er kam aus einer Familie, in der jeder schnarchte: seine Eltern, seine Großeltern, seine Katze, die Schweine im Stall, die Hühner im Hof und sogar das noch ungeborene Schwesterchen im Bauch seiner Mutter. Sie alle waren eine große schnarchende Gemeinschaft gewesen, ein stolzer Clan von Rhonchopathen, der seine Hütte jede Nacht einvernehmlich zersägte. So verlebte Frank eine unbeschwerte Kindheit im Odenwald mit lauen Tagen und lauten Nächten, und alles war gut.

Bis zu dem Tag, an dem Frank das erste Mal auf Klassenfahrt fuhr. Schon am zweiten Abend besorgte ihm die Lehrerin ein Iglu-Zelt, das sie zwei Kilometer von der Jugendherberge entfernt aufstellte. Frank hatte kein Problem damit gehabt, im Wald zu schlafen, aber er hatte angefangen zu ahnen, dass eine besondere Kraft im Schnarchen lag, die in der großen weiten Welt weit weniger geschätzt und verstanden wurde als in seiner eigenen Familie.

In seinen Jugendjahren verstetigte sich dieses Bild. Nachts um drei standen einmal alle einhundertfünfzig Gäste des *„Flying Pig Hostels“* Amsterdam vor seinem Doppelstockbett und zwangen ihn mit vorgehaltenen Regenschirmen, Traveller-Scheren und Reise-Föhnen, sein Schlafquartier zu verlassen.

Jetzt war Frank siebenunddreißig. Im Laufe der Zeit hatte er fünf Freundinnen, sieben WG-Mitbewohner und die Nachbarfamilien einer ganzen Etage durch sein Schnarchen verschlissen. Dennoch war er nicht unzufrieden mit seinem Leben. Er hatte einen gut bezahlten Job, ein hübsches Appartement und eine komplett vollständige TKKG-Sammlung. Doch in einer warmen, sternenklaren Nacht im August geschah etwas, mit dem Frank nicht gerechnet hatte: Er erwachte von seinem eigenen Schnarchen.

Franks Atem hatte für einige Sekunden ausgesetzt und sein eigener nach Luft grunzender Körper hatte ihn unsanft aus dem Schlaf gerissen. Es war ein so ohrenbetäubendes und bedrohliches Röcheln gewesen, dass Frank die ganze Nacht vor Angst nicht mehr einschlafen konnte. Er fing an, über sein Leben nachzudenken, über die Freundinnen, die Mitbewohner, die Nachbarfamilien, die empörten Hostel-Gäste, die Klassenlehrerin mit dem Iglu-Zelt und über sich selbst. Plötzlich wusste er, dass etwas geschehen musste …

Gleich am nächsten Morgen suchte er einen HNO-Spezialisten auf, der ihm ein Gerät in die Hand drückte, das seinen Schlaf in der kommenden Nacht überwachen sollte. Es bestand aus einem Plastikclip, den man sich auf den Finger steckte, zwei kleinen Schläuchen für die Nase und einem schwarzen Kasten mit Digitalanzeige, an dem alle Schläuche zusammenliefen und den man sich um die Brust schnüren musste.

„Und nicht vergessen", sagte der Arzt, „das Gerät misst Ihren Schlaf von 22.30 Uhr bis 6.30 Uhr. Bitte vermeiden Sie in dieser Zeit sämtliche Störgeräusche."

Frank nahm den Apparat mit nach Hause und las die Gebrauchsanweisung zweimal durch. *„Der Roncomat Snorse 500 ist von Ihrem Arzt auf eine bestimmte Zeit programmiert. Versuchen Sie einfach, in dieser Zeit ganz normal zu schlafen*", stand auf dem kleinen gelben Beipackzettel.

Gegen 22 Uhr gurtete sich Frank das Gerät an, legte sich in sein Bett und versuchte, ganz normal zu schlafen. Doch der *Roncomat Snorse 500* machte es ihm nicht leicht. Sein rechter Zeigefinger kribbelte unter dem Plastikclip, der schwarze Kasten drückte gegen seine Brust und die Plastikschläuche gruben sich wie hungrige Parasiten in seine Nasenscheidewand. Genau so musste sich Darth Vader gefühlt haben, wenn er ganz normal einschlafen wollte.

Armer Darth Vader, dachte Frank.

Da klingelte plötzlich das Telefon. Sein alter Studienkumpel Rolf war am Apparat. Rolf begann seine

Telefonate immer mit „Ich wollte nur kurz anrufen, weil ..." und sprach dann mindestens anderthalb Stunden.

„Ich wollte nur kurz anrufen, weil ich mich von dir verabschieden wollte", sagte Rolf.

„Ja, tschüss dann", sagte Frank.

„Halt!", rief Rolf. „Ich wollte nur kurz anrufen, um mich zu verabschieden, weil das Leben keinen Sinn mehr für mich macht. Du, Frank, ich stehe hier gerade auf der Brücke. Mir ist schon ziemlich kalt und du bist mein einziger Kumpel, und bevor ich springe, wollte ich dir nur noch kurz sagen, dass du immer mein einziger Kumpel sein wirst, und wenn du dir das kurz notieren könntest, ich würde gern ‚*Highway to hell*' als mein Beerdigungslied haben, ich mein', das is' ja auch ein geiles Lied, was ham wir damals dazu abgerockt. Oder meinst du, ich soll lieber ‚*Live is Life*' nehmen? So wegen der Ironie und so?"

Dreieinhalb Stunden später schnallte sich Frank den *Roncomaten* ab, um sich mit Rolf in einer Karaoke-Bar um die Ecke zu treffen, wo sie sich mit Wodka zukippten und dann gemeinsam „*Live is Life*" sangen.

Am nächsten Tag erntete Frank missbilligende Blicke von seinem HNO-Arzt, durfte das Messgerät aber ausnahmsweise noch eine zweite Nacht mit nach Hause nehmen.

An diesem Abend wollte Frank ganz sichergehen.

Gegen 22 Uhr schaltete er den Fernseher ab, schloss alle Fenster, stellte die Türklingel aus und sein Telefon auf leise. Da klopfte es von außen an seine Balkontür.

„Frank, bist du da drin?", hörte er die Stimme von Ina.

Er hatte ihre Verabredung vergessen.

„Ich hab mir Sorgen gemacht, weil du nicht auf mein Klingeln reagiert hast und auch nicht ans Telefon gegangen bist, da bin ich einfach die Feuerleiter hochgeklettert."

Frank stellte sich vor, wie Ina in ihrem kurzen Rock bis in den sechsten Stock geklettert war. Das ließ die Anzeige auf seiner Brust sofort ausschlagen.

„Na, was hast du denn da Schönes?" Ina strich ihm sanft über die verkabelten Nasenflügel. „Das hat so was von *Grey's Anatomy*", sagte sie mit hauchiger Stimme und zog ihn zum Bett.

„Leider können wir Ihre Messung nicht auswerten. Zu viele Störgeräusche", sagte der HNO-Arzt am nächsten Morgen, während er Frank vielsagend musterte. „Sie dürfen das Gerät noch einmal mitnehmen, aber schlafen Sie diesmal! Eine weitere Nacht kriegen Sie es auf keinen Fall."

Verschämt verließ Frank das Behandlungszimmer. Draußen auf dem Gang steckten ihm mehrere Schwestern kichernd ihre Telefonnummern zu.

Am Abend hatte Ina Klassentreffen. Frank hatte trotzdem den unteren Teil der Feuerleiter mit einem Schneidbrenner abgetrennt. Alle Fenster waren geschlossen, alle Elektronik ausgestellt. Diesmal würde es glattgehen. Er hatte zwei Nächte kaum geschlafen, er war müde, nicht einmal ein Elefant würde ihn diese Nacht wecken können.

Gegen 1.30 Uhr erwachte Frank von einem seltsamen Geräusch an der Wohnungstür. Wenig später konnte er zwei dunkle Gestalten mit großen Rucksäcken über den Flur huschen sehen. Sie öffneten sämtliche Schränke und Schubladen und nahmen seine Sachen heraus.

Egal, dachte Frank, ich bin gut versichert. Er konzentrierte sich aufs Schlafen.

Die Einbrecher schienen Frank nicht zu bemerken, sie waren sowieso die ganze Zeit im Wohnzimmer.

„Ey, schau mal! Der hat ’ne riesen TKKG-Sammlung!“, rief der eine plötzlich.

„Mitnehm’“, sagte der andere. „Die verkloppen wir bei *Ebay*.“

Nicht meine TKKG-Sammlung, dachte Frank mit einer Entschlossenheit und Aggressivität, die nur ein echter Fan an den Tag legen konnte, der seit 1981 jede Folge akribisch gesammelt hatte und die besonders politisch unkorrekten in beleuchteten Glasvitrinen aufbewahrte.

Frank rannte wutentbrannt ins Wohnzimmer. Die Anzeige auf seiner Brust leuchtete dunkelrot, sein Fingerclip sprühte Funken und Blut schoss durch die Gummischläuche in seiner Nase.

„Ihr seid in zwei Minuten draußen!", sagte Frank und versuchte dabei wie Darth Vader zu klingen.

Einer der Einbrecher fiel bei Franks Anblick sofort in Ohnmacht, der andere zog seinen Kompagnon an den Füßen aus der Wohnung.

Wie ein Profi, dachte Frank. Er schnallte den *Roncomaten* ab, mixte sich einen Gin-Tonic und trat auf den Balkon. Die Nacht war heute so sternenklar und mild wie früher die Nächte auf dem Hof seiner Eltern. Frank wusste plötzlich, dass er es seiner Familie schuldig war, weiterzuschnarchen.

Er warf den *Roncomaten* über die Brüstung. Nur den Fingerclip behielt er. Der hatte Ina so gefallen.

Die schönsten Abgründe des Alltags:

HYPEZIG

Der Bürgermeister hatte mich ins Rathaus geladen. *„In einer dringenden Angelegenheit möchte ich gern persönlich mit Ihnen sprechen“*, stand in seinem Brief. Ich hatte keine Ahnung, was das für ein Anliegen sein konnte.

„Schön, dass Sie da sind!“, begrüßte mich der OBM freundlich. Wie immer war sein Teint ebenmäßig gebräunt, gerade so, als ob er Regent einer Kleinstadt an der Côte d'Azur wäre und nicht Stadtvater im kalten Lipsia.

„Ich gratuliere Ihnen zu Ihrem ersten Roman“, fügte er hinzu und streckte mir seine schlanke, sorgfältig manikürte Hand entgegen.

„Danke“, erwiderte ich mit wachsendem Misstrauen. Normalerweise ignorierte das Rathaus die Errungenschaften der Freien Szene so lange, bis sie in der *New York Times* besprochen wurden. Die *Times* hatte bisher nicht bei mir angerufen. Aber vielleicht hatte der Bürgermeister den Artikel in der *Leipziger Volkszeitung* gelesen. Vielleicht ging er davon aus, dass dieser Artikel die Buchverkäufe derart angekurbelt hatte, dass ich jetzt bereit sei, eine größere Spende zum Wohle der Stadt zu tätigen.

„Nennen Sie mir doch noch mal den schönen Titel des Buches", sagte der Bürgermeister und lächelte mir ermutigend zu.

Ich antwortete zögerlich: „‚*Meine Mutter schwebt im Weltall und Großmutter zieht Furchen*'."

Der OBM nickte zufrieden. „Weltall", sagte er, „das ist der Punkt, über den ich mit Ihnen sprechen möchte."

Ich atmete tief durch. Unser Stadtvater wollte mit mir über das All reden? War das jetzt eine neue Form von spiritueller Bürgernähe? Oder hatte er seine Zuckerdose versehentlich mit einer Tupperbox konfiszierter Crystal-Meth-Bestände aus dem Dezernat für Drogenfandung vertauscht? Ich wusste es nicht.

Der Bürgermeister ließ sich auf seinem großen ledernen Schreibtischstuhl nieder und schaute mich bedeutungsvoll an.

„Ist Ihnen eigentlich schon einmal aufgefallen, was uns in unserer schönen Stadt noch fehlt?"

„Hm … Menschenwürdige Löhne?", versuchte ich es.

„Nebensächlich", sagte der Bürgermeister. „Wir müssen da größer denken. Und höher hinaus. Ins Weltall eben. Wir sind mit unserer Stadt gerade am Durchstarten. Die Autobranche, die Kunstszene, der Fußball, der Immobilienmarkt – alles wächst, gedeiht und hyped gerade. *Hypezig* eben. Das Einzige, was uns jetzt noch fehlt, ist interstellares Engagement, die Raumfahrt. Deshalb frage ich Sie, Frau Wilhelm, möchten Sie unsere erste Hyponautin werden?

„Ich?“, fragte ich.

„Ja“, sagte der Bürgermeister. „Sebastian Krumbiegel von den *Prinzen* kriegen wir nicht durch die schmale Luke. Dr. Brentano von der *Sachsenklinik* hat Höhenangst. Und bei Ihren Leipziger Poetry-Slam-Kollegen passt es leider terminlich nicht.“

Ich war verwirrt. „Warum nehmen Sie nicht einfach einen richtigen Raumfahrtexperten?“

„Weil Raumfahrtexperten für unsere Stadt nicht hip genug sind. Wir wollen jemanden, der aussieht, als hätte man ihn direkt von der Sachsenbrücke ins All geschossen.“

„Verstehe“, sagte ich.

Der Bürgermeister legte seine Hand vertrauensvoll, coaching-mäßig auf meinen Arm. „Wir müssen natürlich noch ein bisschen an Ihnen arbeiten. Sie brauchen auf jeden Fall eine andere Frisur: einen Undercut. Und Tätowierungen natürlich. Wir dachten da so an drei Sternchen auf dem Fuß, ein Wagner-Zitat auf dem Unterarm und das Logo des Sponsors auf Ihrem Dekolleté.“

„Wer ist der Sponsor?“, fragte ich argwöhnisch.

Der Bürgermeister griff nach einer schmalen blausilbernen Getränkedose. „Es ist ein vielseitig engagiertes Unternehmen aus Österreich. Ach ja – und die *Leipziger Verkehrsbetriebe*.“

Ich schluckte. „Das heißt, ich soll mir zwei rote Bullen und den *LVB*-Bieber auf die Brust tätowieren lassen?“

„Es wird Ihnen ganz wunderbar stehen“, erwiderte der OBM und öffnete die Dose.

„Habe ich Bedenkzeit?“, fragte ich.

„Nein.“ Der Bürgermeister schüttelte den Kopf. „Morgen müssen wir starten.“

Ich schnappte nach Luft. Normale Astronauten bereiteten sich jahrelang vor, da konnte ich morgen doch nicht einfach so losfliegen!

Der Bürgermeister schien meinen Unmut zu spüren. Auf seiner eleganten Stirn bildete sich eine ebenso elegante Furche. „Entweder, Sie fliegen morgen ins All, oder wir lassen Ihre schöne teilsanierte Wohnung umgehend komplettsanieren.“

„Das können Sie nicht tun!“

Ich war entrüstet. So lange hatte ich nach einer der wenigen verblieben, nicht tot sanierten Wohnungen gesucht.

Der Bürgermeister goss die rote Flüssigkeit aus der Dose in ein Wasserglas.

„Wissen Sie, ich habe Hunderte schwäbische Investoren an der Hand. Nur ein Zeichen von mir und sie hängen die hohen Decken ab, verlegen überall billiges Laminat und setzen fiese lichtgraue Plastetüren ein. Auch dort, wo mal Flügeltüren waren.“

„Das ist Erpressung!“, rief ich.

„Nein, das ist eine Notsituation, und ich bitte Sie als Bürgerin, Ihrer Stadt zu helfen. *Leipzig Fernsehen* hat sein Kommen bereits fest zugesagt. *Fox News*, *QVC* und *Sonnenklar TV* schicken Korrespondenten. Alles ist abgesprochen, wir können jetzt nicht mehr zurück."

„Aber ..."

Die smarten braunen Augen des Bürgermeisters funkelten entschlossen. „Die Investoren werden auch ein Matratzen-Outlet unten in Ihrem Haus eröffnen."

Ein Matratzen-Outlet?, dachte ich erschrocken. Die Eröffnung eines solchen Ladens konnte ganze Straßenzüge mit einem Schlag ästhetisch vernichten. Ein Matratzen-Outlet, das war das hässlich leuchtende Feuermal im Antlitz einer jeden Gründerzeitstraße. Wenn radioaktive Strahlung sichtbar wäre, dann wäre sie ein Matratzen-Outlet.

Ich hatte also keine Wahl.

Am nächsten Tag traf ich mit ausrasierter Kopfhaarhälfte und drei frisch gestochenen Tattoos im Clara-Park ein. Die Rakete stand bereits auf der Sachsenbrücke. Sie sah aus wie eine DDR-Eisdiele auf Düsen. Den Unterbau bildeten drei morbide mintgrüne Softeismaschinen. Der Rumpf der Rakete war mit dunkelbraunem Blockhüttenholz verkleidet.

„Das Holz stammt von einem original FDGB-Ferienheim am Kulkwitzer See", erklärte mir ein

Red-Bull-Ingenieur. „Drunter ist alles Teflon. Modernste Technik. Keine Angst, das lässt sich bedienen wie ein *iPhone*, ganz intuitiv."

„Ich habe zwei Jahre gebraucht, bis ich mein *iPhone* ganz intuitiv bedienen konnte", antwortete ich leise und löste die Frischhaltefolie von meinem *LVB*-Bieber-Tattoo.

Da kam auch schon der Bürgermeister auf mich zu.

„Tolle Friese", sagte er und zeigte auf meinen Undercut. „Darf ich Ihnen Sebastian Krumbiegel vorstellen? Er wird den Start der Rakete musikalisch begleiten."

Sebastian Krumbiegel saß bereits an einem weißen Keyboard und sang ganz Armageddon-mäßig *„I'm leaving on a Jetplane"* in einer Synthie-Version.

„Du leavst hier nicht on a Jetplane! *Ich* bin die Blöde, die hier leaven muss!", zischte ich ihm im Vorbeigehen zu. Dann bestieg ich die Flugkapsel.

Im diesem Moment griff der Bürgermeister zum Mikro. Er stand auf einem silbernen Podest direkt vor meiner Rakete.

„Liebe Bürgerinnen und Bürger, liebe Freunde der Stadt Leipzig! Nach einer ganzen Reihe von großartigen Tagen ist heute ein ganz besonders großartiger Tag, denn heute erobern wir Hypzigerinnen und Hypziger das All."

„Moment! Moment mal!", rief plötzlich jemand aus der Menge. Eine blonde Frau mit schmaler Brille erklomm das Podest. „Herr Bürgermeister, bevor es zu spät ist: Wir vom Verkehrs- und Tiefbauamt wollten Ihnen mitteilen, dass ein aktuelles Brückengutachten vorliegt."

Sie holte einen Ordner aus ihrer Aktentasche.

„Schwerverkehrstechnisch befindet sich die Sachsenbrücke in einem ungenügenden Bauwerkszustand. Die Schwingungen und Lasten bei einem Raketenstart könnten die Standfestigkeit der Brücke massiv beeinträchtigen. Ich möchte Ihnen dringend davon abraten, hier zu starten."

Der Bürgermeister hielt seine Hand vors Mikro. Er stand aber so nah vor meiner Raumkapsel, dass ich ihn trotzdem hören konnte.

„Die Kameras sind doch jetzt alle schon ausgerichtet. Außerdem ist das Raketengehäuse aus Leichtbau-Teflon. Wenn diese Brücke tagtäglich mehrere Hundert Fahrradanhänger mit moppeligen Schleußiger Kindern aushält, dann wird ihr so ein kleiner Raketenstart ja wohl nichts ausmachen."

„Auf Ihre Verantwortung", flüsterte die Frau und verließ mit schnellen Schritten die Brücke.

Gleichzeitig meldete sich der *Red-Bull*-Ingenieur über den Bordfunk: „Bitte jetzt den kultigen Kippschalter auf *EIN* stellen, um die Engine zu starten."

„Soll ich wirklich?", fragte ich ängstlich.

„Klar! Denken Sie an das Matratzen-Outlet!", rief der OBM von draußen.

Mit zitternden Fingern betätigte ich den Schalter. Ein kraftvolles, rhythmisch vibrierendes Pochen ertönte.

„Das ist mein Subwoofer-Antrieb“, funkte der *Red-Bull*-Ingenieur. „Geil, was? Einfach eingrooven, dann läuft's schon.“

Während ich mich auf den Sound der Rakete und meinen bevorstehenden Start eingroovte, füllte sich die Brücke mit Menschen. Der Subwoofer lockte Elektro-Fans vom Richard-Wagner-Hain, aus Plagwitz, Lindenau und allen anderen hippen Stadtteilen an. In Windeseile bildete sich ein Mob wild tanzender *Club-Mate*-Trinker um meine Raketenrampe. *Bbbbbum, bbumm, bbum* – unter ihren tanzenden Füßen geriet die Brücke ins Schwingen. Durch ein Bullauge sah ich den Bürgermeister ans sichere Ufer eilen.

„Jetzt Raketenzündung einleiten!“, rief der Ingenieur, während ich schon die alten Steinpfeiler knacken und bersten hörte.

„Wo ist die Zündung?“, schrie ich ins Funkgerät, doch der Techniker hatte bereits seinen Posten verlassen und stürmte mit all den anderen von der einstürzenden Brücke.

Ich betrachtete die Bedienungskonsole vor mir. Es gab einen Knopf mit Schnurrbart, einen Knopf mit Gefällt-mir-Daumen und einen Knopf mit Sprungfeder. Ich nahm all meine Intuition zusammen und drückte auf die Sprungfeder.

Wie sich herausstellte, war es der Schleudersitz. Während ich aus der Rakete flog, wurden die ersten Hipster bereits durch das Elsterflutbett gespült. Ich selbst wurde nach Kleinzschocher geschleudert. Dort setzte ich mich auf eine alte Bank und genoss die Abendsonne.

„Gibt es hier eigentlich eine Szenekneipe?", fragte ich laut in die Gegend.

„Eine was?", fragte der Trinker neben mir.

„Schon gut", sagte ich. „Kommt bestimmt bald."

Aber erst mal konnte ich hierbleiben.

Die schönsten Abgründe des Alltags:

BÜRGERLICHE EXISTENZ

Am Morgen des 15. Juli erwachte ich in einer mir völlig fremden Wohnung. Ich lag allein auf einem großen Ehebett aus Buchenholzimitat. Vergeblich versuchte ich mich an die letzte Nacht zu erinnern. Ich wusste nur noch, dass ich meine Eltern besucht und bei ihnen zu Abend gegessen hatte. Vom Abendbrottisch bis in dieses fremde Schlafzimmer fehlte mir jedoch die Verbindung.

Plötzlich trat ein junger Mann in den Raum. Auch ihn hatte ich noch nie gesehen.

„Guten Morgen", sagte er. Und: „Frühstück ist fertig."

Ich folgte ihm mit etwas Abstand in die Küche. Der Mann goss mir Kaffee aus einer Kanne mit Zwiebelmuster ein.

„Entschuldige, aber was mache ich in dieser Wohnung?", fragte ich höflich, während ich das bereitgestellte Döschen *Bärenmarke Kaffeetraum* öffnete.

„Du bist hier, weil dich deine Eltern für einen B.-E.-Intensivkurs angemeldet haben."

„Für was?", fragte ich unsicher.

„Es geht dabei um deine B. E., deine *bürgerliche Existenz*. Aber ich habe mich noch gar nicht vorgestellt. Ich heiße Daniel."

Er streckte mir die Hand entgegen. Ich schüttelte sie.

„Weißt du", sagte Daniel, „viele Eltern machen sich Sorgen um ihre erwachsenen Kinder. Seit Jahren leben sie in Single-WGs, schlagen sich mit Gelegenheitsjobs durch, tragen mit über dreißig noch Kapuzenpullis und so weiter. Da wollen sie eben helfen."

Daniels Handy begann zu piepen.

„Oh, wir müssen los. Zum Seminar", sagte er und zog mich zur Tür.

Der Seminarraum lag im Erdgeschoss. In einem Stuhlkreis saßen bereits etwa zwanzig Leute in unserem Alter. Eine rothaarige Frau kam in den Raum. Sie stellte sich als *Frau Geyer* vor, die Geschäftsführerin von *„B. E. konkret"*. Dann nannte sie das Thema der heutigen Sitzung: „Lektion eins: Selbst- und Fremdmotivation durch positive Grundlagensätze."

Als Übung durften wir jeder einen Zettel ziehen. Auf meinem stand: *„Es gibt kein schlechtes Wetter, es gibt nur unzweckmäßige Kleidung."* Nach und nach sollten alle ihre Sätze vorlesen und ein paar Anwendungsmöglichkeiten vorschlagen.

Viele der Kursteilnehmer schienen sich genauso fehl am Platz zu fühlen wie ich. Ein Typ mit langer Rasta-Mähne weigerte sich, den Satz *„Morgenstund hat Gold im Mund"* vorzulesen. Er wurde sofort von zwei Security-Männern abgeführt.

„Wo bringen sie ihn denn hin?“, fragte ich Daniel.

„In die Volksmusikzelle“, antwortete er leise.

Für den Rest des Seminars traute sich niemand mehr, Frau Geyer zu widersprechen. Wir nahmen noch die Lektionen „Unverfänglich angeben“ und „Gelassen feiern mit trockenen Alkoholikern“ durch, dann durften wir zurück in unsere Wohnungen.

„Ich weiß nicht, ob ich noch mal so ein Seminar ertragen kann“, sagte ich zu Daniel.

„Morgen ist Samstag, da steht nur Autoputzen auf dem Plan.“

„Autoputzen? Die ham se wohl nicht mehr alle?“ Ich nahm eine aufgeschlagene Du-und-dein-Garten-Zeitschrift vom Wohnzimmertisch und schleuderte sie durch die Stube. Erst dumme Sprichwörter aufsagen und dann Auto putzen! So weit würde ich es nicht kommen lassen. Ich musste raus hier. Sofort.

Wütend sprang ich vom Sofa auf und lief zur Tür.

„Das Schloss öffnet sich erst morgen um neun wieder. Timer-Funktion“, erklärte Daniel.

„Dann eben so“, rief ich ärgerlich und rannte zum Fenster. Wir waren im zweiten Stock. Wenn ich die Bettlaken unseres riesigen Ehebetts zusammenknotete, konnte ich mich locker abseilen. Doch Daniel schüttelte den Kopf. Er zeigte mir einen Elektrodraht, der unterhalb des Außensimses angebracht war. Je nachdem, wie weit man sich hinauslehnte, verteilte er Stromstöße in variabler Stärke.

Ich schluckte. Daniel zog die Gardinen zu und wir setzten uns wieder aufs Sofa.

„Wie lange bist du eigentlich schon hier?“, fragte ich ihn.

„Auch nicht viel länger als du, aber ich habe mich inzwischen ganz gut informiert über den Laden.“

Er zog eine hellblaue Werbebroschüre aus dem Zeitungsständer. Ich las: *„‚B. E. konkret‘ findet den passenden Partner für Ihr Kind. Die Paarprofile der Teilnehmerinnen und Teilnehmer sind so aufeinander abgestimmt, dass sie im Alltag perfekt harmonieren. Und die Statistik gibt uns recht: In neunzig Prozent der Fälle gründen die Pärchen direkt nach dem Kurs eine eigene Familie.“*

„Das heißt, wir beide passen perfekt zueinander?“ Ich war skeptisch.

„Wie man's nimmt“, sagte Daniel. „Es geht hauptsächlich um das praktische Miteinander-Auskommen. Und da du anscheinend eine relativ hohe Toleranzschwelle hast, was nerdige Hobbys angeht, und ich seit neun Jahren Live-Rollenspieler bin, ham sie uns wohl zusammengetan.“

„Oje“, sagte ich. Mehr fiel mir nicht mehr ein.

Daniel beugte sich zu mir.

„Es gibt nur eine einzige Möglichkeit, hier rauszukommen.“ Er sprach so leise, dass ich ihn kaum noch verstand. „Du musst dich in die Volksmusikzelle abführen lassen. Ganz oben, hinter dem *Brunner-&-Brunner*-Plakat, gibt es eine Klappe zum Lüftungsschacht. Durch die kann man angeblich rausklettern. Aber man muss vorsichtig sein, die Volksmusikzelle hat schon die Härtesten in die Knie gezwungen."

„Egal", sagte ich. „Lass es uns versuchen!"

Am nächsten Tag um neun öffneten sich die Türen und die Paare strömten zum Autoputzen in den Hof. Daniel und mir wurde ein roter *Toyota Corolla* zugeteilt. Wir schauten uns aufmunternd an.

„Es gibt kein schlechtes Wetter, es gibt nur unzweckmäßige Kleidung", flüsterte ich Daniel zu.

„Morgenstund hat Gold im Mund", flüsterte Daniel zurück. Dann legten wir los. Ich begann mich mit dem Schwamm in der Hand auf der Kühlerhaube zu rekeln. Daniel sprang auf das Dach des *Corolla* und sang aus voller Kehle *„Krawall und Remmidemmi"* von *Deichkind*. Bei der Zeile *„Impulsive Menschen kennen keine Grenzen"* riss er seine Hose nach unten und zeigte den anwesenden Paaren seinen nackten Hintern. Im selben Augenblick tauchten auch schon die Security-Männer auf.

Wir fanden uns in einer schmalen Zelle wieder, deren hohe Wände im unteren Teil mit Flachbildschirmen bedeckt waren. Jeder Fernseher zeigte ein anderes Volksmusikprogramm. Alle Sendungen liefen in ohrenbetäubender Lautstärke durcheinander. Der obere Teil der Zelle war mit Gold umrahmten Schlagerpostern bedeckt.

„Ganz schön hoch“, sagte ich zu Daniel und zeigte auf das *Brunner-&-Brunner*-Plakat.

„Vielleicht können wir an den Flachbildschirmen hochklettern“, schlug Daniel vor.

Wir probierten es, aber die Bildschirme waren direkt in die Wand eingelassen. Immer und immer wieder rutschten wir ab. Nach zwei Stunden waren wir völlig am Ende. „Wenn ich den Typen noch weiter sehen muss, drehe ich durch“, jammerte Daniel und schlug mit dem Kopf gegen eine Großaufnahme von Florian Silbereisen.

„Irgendwie müssen wir doch hier rauskommen“, überlegte ich und suchte mit den Augen die Wände ab. Mein Blick blieb an einem Plakat der *Wildecker Herzbuben* hängen. Einer der Bäuche wölbte sich seltsam plastisch nach vorn. Das musste etwas zu bedeuten haben.

Schnell stieg ich auf Daniels Schultern, streckte mich so weit es ging und drückte auf den Bauch des Herzbuben. Daniel stieß einen Schrei aus. Der Raum hatte sich ein Stück nach oben bewegt.

Ich drückte wieder. Ein weiteres Mal fuhr der Boden nach oben.

„Das muss eine Hebebühne sein“, rief ich Daniel zu.

Mittlerweile war der Bauch des Herzbuben so nah gerückt, dass ich von Daniels Schultern herunterklettern konnte. Wir ließen die Hebebühne so weit hochfahren, bis wir den Lüftungsschacht erreichten. Mühsam zogen und schoben wir uns ins Freie.

Als wir endlich draußen standen, verspürte ich ein Gefühl nie dagewesener Freiheit. Ich breitete die Arme aus und wusste: Ab heute würden sich immer neue Tore vor mir öffnen.

Daniel räusperte sich.

„Ich weiß nicht, ob du da Bock drauf hast, aber meine Rollenspieler-Gilde hat grad ein Museumsdorf im Wald gemietet, da könnten wir erst mal unterkommen."

Ich überlegte. „Muss ich da spitze Ohren tragen?"

„Ist nicht unbedingt Pflicht", antwortete Daniel.

„Na dann, meinetwegen", sagte ich und wir verschwanden in den Untiefen des Stadtwaldes.

Die schönsten Abgründe des Alltags:

STERBEN

Am Nachmittag des 20. Dezember 2016 stand der Tod vor meiner Tür. Genauer gesagt: vor der Tür meiner Umkleidekabine im Schwimmbad.

„Es ist Zeit“, sagte er.

„Was? Jetzt schon?“, fragte ich.

„Sieht so aus“, meinte der Tod.

Ich seufzte.

Und ich war überrascht. Ich hatte doch so schön gesund gelebt. Keine Zigaretten, kein Crystal Meth, dafür literweise grüne Smoothies, regelmäßiges Zumba-Training – und das Wichtigste: immer lange Unterhemden an. Trotzdem sollte ich jung sterben. Gemein war das.

„Das Leben ist nicht fair“, sprach der Tod, der meine Gedanken erraten hatte oder gerade einen Songtext von Herbert Grönemeyer rezitierte.

„Ich hasse Herbert Grönemeyer“, sagte der Tod.

Er konnte wirklich meine Gedanken lesen.

Das Besondere am Tod war, dass er nicht wie der Tod aussah. Ich betrachtete seine weiße an den Knöcheln hochgekrempelte Jeans, das halb offene Hawaii-Hemd und die Goldkette auf seiner Brust. Er sah aus wie mein Onkel Ingo vor zwanzig Jahren, wenn er mit seinen Kumpels auf Wohnmobil-Urlaub ging. Oder wie jemand aus Neukölln.

„Das mit Neukölln nimmst du zurück!", sagte der Tod, der schon wieder meine Gedanken gelesen hatte, und erklärte: „Seit Ewigkeiten bin ich mit diesem schwarzen Umhang rumgerannt, das hat gereicht. Und auch diese verdammte Sense! Hat mich irgendjemand auch nur einmal Gras mähen sehen? Total überflüssig, dieses Teil. Fast schlimmer als eine *Apple Watch*."

Er schaute auf seine *Apple Watch*, drückte ein paar Tasten. Nichts passierte.

Ich nutzte die Zeit, um in meiner Badetasche nach meinem Handy zu suchen. „Kann ich mich vielleicht noch von ein paar Leuten verabschieden, jetzt, wo ich sterbe?"

„Leider nein", widersprach der Tod, dessen *Apple Watch* plötzlich wild aufleuchtete. „Zeit fürs Boarding", sagte er. Dann reichte er mir die Hand, sie war pedikürt und angenehm kühl.

Über uns öffnete sich das Dach des Hallenbades und wir flogen los. Hinaus aus der Umkleidekabine, hinaus aus der Schwimmhalle, über Wiesen, Wälder und das Schkeuditzer Kreuz hinweg. Und plötzlich wurde es dunkel und dann wieder hell und wir standen in einer Art *Center Park*. Vor uns lag die Badelandschaft, umrahmt von unzähligen Kunstpalmen. Direkt neben uns war ein langer Tresen aus Plastikbambus aufgebaut. Ein paar Leute standen davor und tranken Pfeffi. Ich fragte mich, ob wir im Himmel oder in der Hölle waren.

„Weder noch“, entgegnete der Tod. „Wir haben das Konzept ein bisschen aufgelockert. Die Zuordnung der Leute wurde sowieso immer schwieriger. Mittlerweile sind wir eher so eine integrative Einrichtung.“

Der Tod zündete sich eine Zigarette an. Wir schmunzelten kurz über den *„Rauchen kann tödlich sein“*-Hinweis auf der Packung.

„Ist das da drüben Achim Mentzel?“, fragte ich.

„Ja. Bei dem hätten wir zum Beispiel auch nicht gewusst, wo wir ihn hinstecken sollen.“

Achim Mentzel stand auf einer kleinen provisorisch eingerichteten Bühne, trug nichts als ein Baströckchen und sang *„Welcome to the Hotel California“*. Er wurde von Prince an der Harfe begleitet. Vor ihnen schwoften Margot Honecker und Hans-Dietrich Genscher eng umschlungen über das Tanzparkett. Zumindest so lange, bis Fidel Castro erschien und eine Salsa Cubana einforderte. Guido Westerwelle und Muhammad Ali standen hinter der Bar und bereiteten die Drinks zu. Sie hatten die Arbeit klar aufgeteilt, Guido mixte die Zutaten und Muhammad zerschlug die Eisblöcke zu Crushed Eis.

„Ich nenne das hier übrigens den *Club 2016*“, sagte der Tod.

„So wie der *Club 27?*"

„Ja." Der Tod nickte. „Aber der *Club 27* ist irgendwie tot. Auf die Dauer ist siebenundzwanzig einfach ein nerviges Alter. Gerade für Rockstars. Alle sind immer so deprimiert. Da machen die älteren Toten schon mehr Spaß. Die drehen hier noch mal so richtig auf."

Etwas abseits auf einem schwarzen Teppich legten Peter Lustig und David Bowie gerade bunte Flummis in Hunderte von Mausefallen. Vermutlich diente das Ganze der Vorbereitung einer Art Science-Performance, die den Ablauf einer Atomreaktion simulieren sollte. Das war natürlich schnöde von der *„Sendung mit der Maus"* abgeguckt, aber im *Club 2016* schien das niemanden zu stören. Alle waren einfach nur gut drauf.

„Franzi, mein Fischlein!", hörte ich plötzlich jemanden hinter mir rufen.

Es war Achim Mentzel, der die Bühne inzwischen für einen Schaukampf freigegeben hatte. Bud Spencer schlug auf Prince ein, der dazu total unrealistische Schlaggeräusche machte. Die Menge jubelte. Achim nippte an einem grünlichen Cocktail und schaute an mir herunter. Ich stellte fest, dass ich immer noch meinen Badeanzug trug.

„Na ja, früher warst du schon noch ein bisschen durchtrainierter, haha", bemerkte der Entertainer.

Du nicht, dachte ich schweigend.

„Auch diese Kaltwelle hat dir irgendwie besser gestanden, haha."

Dir nicht, wollte ich sagen, aber ich mochte mich auch nicht gleich mit ihm anlegen. Außerdem hatte ich nie eine Kaltwelle gehabt.

Da fiepte es plötzlich über die Lautsprecherboxen. Der Tod war ans Mikro getreten.

„Hallo, *Club 2016*, wir haben heute eine neue Mitstreiterin zu feiern", sagte er. „Franzi, mein Goldfisch, komm nach oben!"

Der inzwischen leicht ramponiert aussehende Prince spielte einen Tusch. Westerwelle, Genscher, Bowie, Ali und sogar Bud Spencer jubelten mir zu. Über der Bühne, auf einer Leinwand, wurde ein Werbespot von *„Lila Pause"* eingespielt, in dem ein Mädchen im violetten Badeanzug in einen Bergsee tauchte.

In diesem Moment wurde mir klar, dass man mich verwechselt hatte. Mit Franziska van Almsick. Mist, dachte ich, da hätte ich auch gleich drauf kommen können. Natürlich war ich als semi-erfolgreiche Slam-Autorin nichts für den *Club 2016*. Ich gehörte da einfach nicht rein.

Die Erkenntnis schmerzte. Und sie schmerzte noch mehr, als das Publikum plötzlich zu rufen begann: „Eine Runde Kraulen! Eine Runde Schmetterling!"

Ich konnte eigentlich nur Brustschwimmen. Und das nicht mal mit Untertauchen.

„Eine Runde Kraulen! Eine Runde Schmetterling!“ Die Menge wurde immer lauter.

Ich war wie erstarrt, doch der Tod schob mich von der Bühne herunter, hin zum Schwimmbecken und auf einen Startblock hinauf. Meinen letzten richtigen Kopfsprung hatte ich vermutlich noch vor dem Millennium gemacht.

„Eine Runde Kraulen! Eine Runde Schmetterling!“, schrie die Menge weiter.

„Spring endlich, Goldfischli!“, hörte ich Achim Mentzels Stimme heraus.

Dann knallte es. Plötzlich schossen Flummis um mich herum. Hunderte. Tausende. Wie sich herausstellte, war Achim Mentzel beim Rufen aus Versehen über den schwarzen Teppich gestolpert und hatte damit die Science-Performance frühzeitig ausgelöst.

Man musste zugeben: Sie war wirklich beeindruckend. Der gesamte *Club 2016* war ausgefüllt von den buntesten Flummis. Ich sah Farben, die ich noch nie zuvor gesehen hatte, alles drehte sich und flimmerte. Ich hatte das Gefühl, dass es nur noch Glück gab, nur noch Freude und Liebe um mich herum. Wie von selbst glitt mein Körper in den elegantesten Kopfsprung hinein, den ich je fertiggebracht hatte. Das Wasser öffnete sich vor mir, ich spürte, wie es allmählich meinem Körper umspülte – und dann …

… war es einfach vorbei.

Ich saß wieder in der Umkleidekabine des Hallenbades. Neben mir lag ein Zettel. *„Sorry wegen der Verwechslung"*, stand darauf. *„Aber wie sehen uns ja wieder. Alles Liebe, dein T."*

Bye-bye, *Club 2016*! Einfach noch nicht berühmt genug, dachte ich traurig. Aber dann war ich auch irgendwie froh darüber.

Die schönsten Abgründe des Alltags:

BEWERBEN

Bewerben ist immer Scheiße. Außer man ist ein extrem begehrter Spezialingenieur. Oder Ärztin und will in ein Krankenhaus nach Märkisch-Oderland. Dann könnte es sein, dass tatsächlich mal Tacheles geredet wird. Ansonsten ist ein Bewerbungsgespräch immer eine Art Fantasie-Dialog. Die eine Seite erzählt, was sie vollkommen Unrealistisches erwartet. Die andere Seite erlügt, warum gerade sie diese total unrealistischen Erwartungen super gut erfüllen kann. Je mehr Gespräche dieser Art man führen muss, um einen neuen Job zu finden, umso surrealer erscheint einem die Konstellation.

Aber es gibt immer noch die gesteigerte Variante, den multiplen Fantasie-Dialog, das Assessment-Center – oder, freundlicher ausgedrückt: den Bewerbertag.

Meine Freundin Martha (Name von der Redaktion geändert) war letztens zu einem solchen Bewerbertag eingeladen. Potenzieller Arbeitgeber war ein Online-Versandhaus aus der Region. Nicht das große mit A, sondern eher eins von mittlerer Größe.

Gleich im Empfangsbereich traf Martha auf ihre Mitbewerberinnen. Sie alle trugen tussige Hosenanzüge, wie es sich für einen Bewerbertag eben gehörte. Auf den ersten Blick war damit klar: Martha fiel optisch ab. Mit ihrem braunen Leinen-Sakko und ihrer besten Jeans hatte sie für ihren Typ schon alles Geschäftslook-Mögliche aus sich herausgeholt. Aber das schien hier nicht auszureichen. Zudem hatte das Leinen-Sakko bereits in der Straßenbahn die ersten Knitterfalten abbekommen. Oha.

Mit leichtem Unbehagen ging Martha hinüber zum Empfangstresen. Dort stand eine, die es schon geschafft hatte: eine Mitarbeiterin. Sie hatte langes blondes Haar, rosa lackierte Fingernägel und trug ein Businesskostüm in Pink. Die Mitarbeiterin fragte Martha nach ihrem Namen, um ihn auf einer Liste abzustreichen. Dann betrachtete sie Marthas Outfit. Eine kurze Situation unangenehmer Stille entstand.

Um sie zu überbrücken, fragte Martha die Empfangsblondine ebenfalls nach ihrem Namen.

„Ich bin Barbie", antwortete diese.

Okay, dachte Martha und überlegte, einfach auf dem Absatz kehrtzumachen. Aber dann beschloss sie es durchzuziehen. Sie hatte in diesen Bewerbertag schließlich schon einen Straßenbahnfahrschein investiert.

Punkt 9.30 Uhr erschien eine weitere angestellte Blondine im Foyer, diesmal eine mit Locken. Sie trug ein roséfarbenes Spaghettiträger-Top und einen knielangen Tüllrock. „Ich bin Carrie Bradshaw", eröffnete sie die Runde.

Martha musste kein „*Sex and the City*"-Fan sein, um zu erkennen, dass hier etwas ziemlich Seltsames ablief.

Die Onlineshop-Carrie macht einen Schritt auf die Bewerbergruppe zu. Martha schaute genau hin. Sie trug *Tamaris*-Pumps. Keine *Manolos*. Das beruhigte.

„Ihr wundert euch vielleicht ein bisschen, was hier bei uns los ist", warf die Onlineshop-Carrie suggestiv in die Runde.

Die Runde antwortete mit verhaltenem Gemurmel.

„Also", erklärte Carrie und warf ihre Locken nach hinten, „einmal im Monat haben wir hier im Headquarter unseren Freaky Friday. Immer mit wechselndem Motto. Das ist eine schöne Tradition, auf die wir nicht mehr verzichten wollen. Auch wenn wir Gäste im Haus haben."

„Wow!", murmelte die Menge pflichtbewusst.

Während Martha mit den anderen in einen Besprechungsraum geführt wurde, wo sie auf die Chefin des Unternehmens warten sollten, überlegte sie, was wohl das Motto des heutigen Freaky Fridays war. „*Tussis aus Film und Fernsehen*" vielleicht? Aber war Barbie überhaupt im Fernsehen?

Noch bevor Martha ihren Gedanken zu Ende führen konnte, wurde die Tür aufgestoßen und die Chefin kam herein. Sie trug einen langen schwarzen Ledermantel und eine Sonnenbrille.

„Ich bin Trinity", sagte sie, ohne die Brille abzunehmen. Dann stellte sie kurz die verschiedenen Arbeitsbereiche vor und beschrieb die übelst kreative Firmenkultur. Wie es aussah, wurde permanent gemeinsam gegrillt, gebingot oder gebowlt. Es gab einen Eisstockschieß-Tisch im Pausenraum. Und das Thema des nächsten Freaky Fridays sollte *„Ich verkleide mich als mein Kollege"* sein.

Zwanzig Minuten später ging die erste Runde multipler Fantasie-Dialoge los. Martha hörte sich im Gruppengespräch sagen, dass sie ein riesiger Bingo-Fan sei und noch nie etwas lustiger gefunden habe, als sich als ihre Kollegen zu verkleiden. Sie erklärte, dass es ihr nichts ausmachen würde, auch mal sechzehn Stunden am Stück zu arbeiten, wenn es danach einen leckeren Tofu-Bratling vom Betriebsgrill für sie gäbe. Das nahm ihr die Chefin sogar ab.

Martha fühlte sich beflügelt und drehte weiter auf. Sie verkündete, dass sie als hoffentlich zukünftige Mitarbeiterin kein Problem damit hätte, jeden Morgen vor der Arbeit unentgeltlich mit ihrer Zahnbürste alle vorhandenen Klos zu putzen, weil ein Job im Online-Versandhandel für sie die Erfüllung allen Daseins bedeute. Dann fügte sie an, dass sie mehrere Jahre im Nationalkader des deutschen Eisstock-Olympia-Teams gewesen sei und hier vielleicht neue Motivations-Maßstäbe am Eisstockschieß-Tisch setzen könne.

Martha bekam den Job leider nicht. Wie sich herausstellte, hatte die Chefin selbst lange Jahre im Nationalkader der deutschen Eisstockschießmannschaft trainiert. Damit war der Schwindel offensichtlich geworden. Die Stelle bekam eine, die geschickter gelogen hatte.

Martha war nicht böse deswegen. Sie hatte wieder etwas gelernt. Und inzwischen macht sie immer ihren eigenen Freaky Friday. Mal verkleidet sie sich als Bankangestellte, mal als Wasserkocher, mal als ungewaschene Trainingshose. Es ist ihr eine schöne Tradition geworden. Und sie möchte sie nicht mehr missen, selbst wenn sie Gäste im Haus hat.

Die schönsten Abgründe des Alltags:

ÖSTERREICH-URLAUBE

Ich hatte beschlossen, Urlaub in Österreich zu machen. Manchmal bin ich von mir selbst überrascht. Letztes Jahr Segeln in Griechenland. Das Jahr davor Besuch einer portugiesischen Hippie-Kommune, die freie Liebe für den Weltfrieden praktizierte. Und jetzt also Österreich.

Berge, dachte ich mir, Berge sind mega. Man schaut von ihnen herunter und sieht alles ganz klar und deutlich vor sich, was im Leben zählt.

Leider hatten wir die ersten Tage Nebel. Deshalb ging ich in ein Kaffeehaus, um mir die Zeit zu vertreiben. Ich wusste, dass der Berufsstand der Servicekraft in Österreich mit besonderem Stolz und hoher Würde verbunden ist. Deshalb setzte ich mich sehr rücksichtsvoll an einen freien Tisch. Wie Moses das Rote Meer, so teilte ich die Berge unabgeräumten Geschirrs, die sich vor mir türmten. Durch die Sichtschneise nahm ich Blickkontakt zur Kellnerin auf. Ich lächelte ihr freundlich zu und sandte ihr ein zartes Kopfnicken, das bedeuten sollte: *Ich weiß, ich bin unwürdig, aber es wäre schön, wenn Sie – falls es Ihnen gerade passt – einmal kurz vorbeischauen könnten, um meine Bestellung aufzunehmen.*

Die erste Stunde Warten verging wie im Flug. Ich hatte mir aus der Hausbibliothek der Pension ein Standardwerk österreichischer Literatur mitgenommen. Der Titel: *„Natascha Kampusch – 3096 Tage"*. Ein Buch, das anscheinend in keiner guten Stube des Landes fehlen durfte. Ich las mit Interesse und Bestürzung die ersten hundert Seiten, dann wurde einem Gast neben mir der Kaffee serviert.

Der Geruch einer erlesenen Bohnenmischung stieg mir verlockend in die Nase. Unterwürfig hob ich die Hand, um erneut meine Bitte um Bedienung anzuzeigen. Die Kellnerin, die gerade noch am Nachbartisch stand, drehte sich um und ging.

Nach weiteren fünfundvierzig Minuten des Wartens begann ich, das vor mir immer noch auf dem Tisch stehende Restgeschirr zu inspizieren. In einer Tasse war noch ein Schlückchen Milchkaffee übrig geblieben. Ich trank es in einem Zug.

Allerdings war das ein Fehler. Der Kaffee schmeckte so hervorragend, dass ich gleich noch mehr davon wollte. Also beschloss ich, zum Angriff überzugehen. Ich täuschte einen Gang zum WC vor, doch im letzten Moment bog ich nicht zu den Toiletten ab, sondern steuerte direkt auf die Kellnerin zu, sodass sie mir nicht mehr ausweichen konnte. „Ich hätte gern einen Milchkaffee", sagte ich schnell und bestimmt.

Ihr Blick wanderte einmal an meinem Körper hinunter und wieder hinauf. „Sie werden bedient", sagte sie nur. Um ihren Mund bildeten sich dabei angewiderte Fältchen. Mit ihrem manikürten Finger zeigte sie zurück an meinen Platz.

Dort saß ich weitere drei Stunden und die ersten drei Gefangenschaftsjahre von Natascha Kampusch ab, bis widerstrebend das Bestellte vor mir auf den Tisch geknallt wurde. Es schmeckte hervorragend.

Ich wartete dann noch einmal zwei Stunden, bis sich die Kellnerin dazu herabließ, mich abzukassieren. Der Kaffee kostete sechs Euro. Ich gab ihr vier Euro Trinkgeld, schließlich hatte ich durch sie einen kompletten nebligen Ferientag über die Runden gebracht. Laut *Radio Vorarlberg*, das in unserem Pensionsempfänger unabänderbar voreingestellt war, sollte das Wetter am nächsten Tag etwas besser werden. Das waren gute Nachrichten.

Am nächsten Tag kam zum Nebel auch noch starker Regen hinzu. Ich fluchte auf *Radio Vorarlberg*.

Radio Vorarlberg konterte mit einem Lied von Falco. „*Jeanny, quit living on dreams*", schrie es mir entgegen.

Bei diesem Wetter wäre Jeanny auch auf keinen Berg gestiegen, überlegte ich und beschloss, in die Sauna zu gehen.

Vor der Therme standen ungefähr 300 000 Leute, die ebenfalls reinwollten. In der Vorhalle des Bades lief *Radio Vorarlberg*. Sie spielten die *Erste Allgemeine Verunsicherung* mit „*Fata Morgana*", danach Christina

Stürmer und daraufhin wieder Falco. *„Out of the dark, into the light“* schritt ich schließlich ins sanfte Licht der Saunawelt hinüber.

Überraschenderweise war es dort angenehm leer. Die meisten Besucher hatten wohl nur das Spaßbad gebucht. Ein drahtiger etwa sechzig Jahre alter Saunawart sprach mich an. „In fünf Minuten ist Aufguss“, verkündete er. Im Gegensatz zur Kellnerin von gestern schien er für seinen Job hoch motiviert zu sein. Ich hatte jedoch in meinem Heimatort Leipzig bereits genügend Erfahrungen gesammelt, um zu wissen, dass man Aufgüsse am besten mied. Aber der motivierte Saunawart ignorierte mein Zögern, ergriff beherzt meine Hand und zog mich hinter sich her in die Kammer des Schreckens. Wie sich herausstellte, war ich der einzige Aufgussgast.

„Na, da wollen wir mal schön schwitzen“, sagte er. Es klang wie eine Drohung, denn bei meinem ersten Saunagang schwitze ich eigentlich nie schön. Das Schwitzen kommt immer erst mit der Porenöffnung zur zweiten Runde.

Leider wollte der Saunawart nichts davon wissen. Er schwang sein Handtuch über meinem Kopf wie Thor seinen Hammer. Erst wurde mir nur warm, dann schwummrig, dann begann ich zu singen: *„Wie eine Fata Morgana so nah und do-och so weit ...“*

Das gebot dem Saunawart Einhalt. Er zog mich nach draußen.

Kaum dass ich wieder zu mir gekommen war, bemerkte ich, dass er meinen Rücken mit irgendeinem Granulat einrieb. Neben mir entdeckte ich einen großen Sack Bergsalz. Anscheinend die Spezialität dieses Spas.

„So – und jetzt noch die Vorderseite!", sagte der Saunawart und seine Hände wanderten um meine Taille herum. Während er mit dem Bergsalz über meine Brüste schrubbelte, beschloss ich, von jetzt an nur noch in muslimisch geprägten Ländern Urlaub zu machen, wo man einfach ganz in Ruhe in seinem Burkini in der Sauna sitzen konnte.

Mit all dem Salz am Körper wurde ich nun für weitere zehn Minuten in die Sauna geschoben, und als ich völlig fertig wieder daraus hervorstolperte, stand der Saunawart plötzlich mit einem Becher Honig vor mir. Er begann, mein Bein einzureiben.

Ich muss zugeben, meine Haut ist danach nie wieder so geschmeidig gewesen. Trotzdem verzichtete ich am folgenden Tag, an dem es natürlich wieder wie aus Kannen goss, auf weitere Besuche in Saunen oder Kaffeehäusern und fuhr zum KDW – dem *Kaufhaus des Waldes*.

Das *Kaufhaus des Waldes* war das größte Einkaufszentrum der Gegend. Dort gab es freies WLAN und einen Kaffeeautomaten. Ich blieb den ganzen Tag. Es war super.

Als ich abends in die Pension zurückkehrte, bemerkte ich, dass die Vordertür abgeschlossen war und ich keinen Schlüssel dafür hatte. Also klingelte ich nach der Wirtin.

Sie war eine hagere ältere Frau mit einem kantigen, wettergegerbten Gesicht. Bisher hatte sie nur vier Worte zu mir gesagt: „Grüß Gott" und „Da unterschreiben". Aber heute hielt sie eine Flasche Haselnusslikör in der Hand. Wir tranken drei Stamperl zusammen, dann begann sie zu erzählen. Wie sie hier schon immer gearbeitet hatte, seit sie neunzehn war. Früher hatte es noch keine Straße bis zu diesem Hof gegeben. Man stieg im April auf die Alpe und kam dann erst im Frühherbst wieder runter, weil der Weg so beschwerlich war. Einmal, als im Frühjahr noch Schnee lag, war ihr ein mit Brennholz beladener Schlitten ins Genick gefahren, als sie sich nach einem Holzscheit bückte. Sie hatte furchtbare Schmerzen und konnte sich kaum mehr rühren, was daran lag, dass ihr sechster Halswirbel gebrochen war. Das erfuhr sie allerdings erst vier Wochen später, als endlich ein Arzt vorbeikam. Und erst eine weitere Woche später konnte man sie mit einem Schlitten ins Tal transportieren, wo man sie ins Krankenhaus brachte.

„Gut, dass es jetzt die Straße gibt", sagte ich ganz betroffen und kippte noch einen Haselnusslikör.

„Und Strom", ergänzte die Herbergswirtin und goss nach.

„Seit wann haben Sie hier Strom?“, fragte ich.

„Na, seit 1997.“

Ich stürzte den nächsten Likör runter. Da hatte sogar die portugiesische Hippie-Kommune eher Strom, dachte ich, ohne es auszusprechen.

Der nächste Tag war der erste ohne Nebel. Ich hatte die ganze Nacht noch im Natascha-Kampusch-Buch gelesen, weil ich unbedingt wollte, dass sie freikam, bevor ich einschlief. Jetzt war ich von der beeindruckenden Toughheit aller Österreicher vollends überzeugt.

Ich beschloss, heute endlich auf meinen Berg zu steigen. Es regnete immer noch, aber das war mir egal. Ich würde ebenfalls tough sein. Dann entdeckte ich jedoch, dass ich mit meiner Touristenkarte kostenlos die Seilbahn nach oben nehmen konnte. Ich zögerte einen Moment, aber schließlich entschied ich, dass es mir für den Anfang auch ausreichen würde, mittel-tough zu sein.

In der Seilbahn lief *Radio Vorarlberg*. Conchita Wurst sang *„Rise like a Phoenix“*. Ich nahm es als Zeichen, denn als ich oben aus der Kabine trat, nieselte es nur noch ein bisschen, und während ich die letzten Meter hinauf zum Gipfelkreuz kletterte, leuchteten sogar ein paar Sonnenstrahlen zwischen den Kumuluswolken hindurch. Für ein paar Minuten tauchten sie das Bergpanorama in ein angenehm warmes Licht.

Ich sah auf sattgrüne Wiesen, auf dunkle Baumwipfel, ganz weit unten waren ein paar Häuschen und ein paar Sträßchen zu erkennen. Es sah fantastisch aus.

Leider ließ sich daraus für mich nicht ableiten, was nun im Leben wichtig war und was nicht. Ich stellte jedoch fest, dass die Bergsonne nach so vielen Nebeltagen weit intensiver wirkte. Meine schmerzende Netzhaut verlangte nach einer Sonnenbrille.

Sofort ging ich zurück zur Bergstation und suchte mir im Souvenirshop eine aus.

„Fünfzig Euro bitte", sagte die Verkäuferin.

Ich zuckte zusammen. „Ich wollte eigentlich nur eine billige Brille für den Weg nach unten."

„Das ist unsere billigste", erwiderte die Frau.

Ich legte hundert Euro auf den Tisch, sagte: „Behalten Sie den Rest" und machte mich auf den Weg nach unten.

Es war ein langer, beschwerlicher Abstieg, aber ich hielt ihn bis zum Schluss durch, obwohl meine Schienbeine brannten. Toughness-Test bestanden, dachte ich unten im Tal. Zumindest die mittlere Stufe.

Am Abend spielte *Radio Vorarlberg* die *Prinzen*. Ich verstand es als eine Art Willkommensgruß. Aus Dankbarkeit rief ich sofort beim Sender an und wünschte mir was von Falco.

Die schönsten Abgründe des Alltags:

BITCH SEIN

Miriam ging die Straße hinunter. Mit ihrem Haustürschlüssel streifte sie am Lack der geparkten SUVs entlang. Sie hasste Autos. Sie hasste im Besonderen die Autos in ihrem Viertel – und dabei vor allem ihr eigenes. Jeden Morgen brachte man sie damit in das zwölfstöckige Bambus-Stahl-Gebäude, das sie zum Hauptsitz ihrer Firma gemacht hatte. Einer Firma, die riesige schwimmende Biofaser-Matten fabrizierte, auf denen Bakterienkulturen lebten, die Öl fraßen. Wenn ein Tanker ausgelaufen war, breitete man die Matten auf dem Meerwasser aus. Das Fasergewebe zog das Öl an, die Bakterien zersetzten es. Miriam hatte mit dieser Erfindung Milliarden verdient. Und sie hatten sich fest vorgenommen, nichts davon an eine gemeinnützige Organisation zu spenden, sondern alles Geld ganz allein zu verprassen. Deshalb hatte sie ihr kleines persönliches Atomwaffen-Programm aufgesetzt. Die ersten heimlichen Tests waren bereits erfolgreich auf einem abgelegenen Pazifik-Atoll gelaufen. Danach hatte sie ein Aquarium der mutierten Fischarten im größten Schlafzimmer ihrer Stadtvilla installieren lassen. Noch am Abend bevor ihr der Nobelpreis für Chemie wegen der Ölfangmatten verliehen wurde, hatte sie vor diesem Aquarium gesessen und den verwachsenen Kreaturen beim Schwimmen zugesehen. Am besten gefiel ihr der Clownfisch, dessen Kopf mit der Oberseite in den Bauch eingewachsen war. Wenn er schwamm, sah er aus wie ein rotierender Kreis. Sie nannte ihn *Reloading Nemo*.

Normalerweise konnte sie Reloading Nemo stundenlang zusehen, doch heute zog sie nichts nach Hause. Sie hatte sich von ihrem Chauffeur, einem mexikanischen Eunuchen, den sie im Rahmen eines teuren Selbsterfahrungsseminars eigenhändig zum Eunuchen gemacht hatte, am Anfang ihrer Straße absetzen lassen. In ihrer Handtasche trug sie, wie so häufig, ein paar mit Buttersäure befüllte Wasserbomben, die sie gern in die protzigen Vorgärten ihrer Nachbarn warf.

Es war nicht einmal so, dass Miriam reiche Menschen besonders hasste, sie hasste Menschen einfach im Allgemeinen. Sie kamen ihr so weich und schmierig vor. Vor allem, wenn sie verliebt waren. Miriam verabscheute Menschen in Paarbeziehungen. Obwohl sie mit Mitte zwanzig auch einmal einen Freund gehabt hatte. Er war einer der besten Studenten im Seminar für Biochemie gewesen und schaute in jeder Vorlesung immer wieder zu ihr herüber. Einmal, als es ihr reichte, war sie zu ihm hingegangen und hatte ihm gegen die Brille gespuckt. Da hatte er sich sofort in sie verliebt.

In den nächsten Wochen verbrachten sie viel Zeit miteinander. Er, weil er Zärtlichkeit wollte, sie, weil sie jemanden brauchte, der sie durch die Abschlussprüfungen paukte. Einen Tag vor dem Examen trennte sie sich von ihm. Er fiel durch, sie erzielte Bestnoten. Schön war das gewesen, aber jetzt auch schon wieder fünfzehn Jahre her.

Als sie an ihrer eigenen Villa vorbeikam, griff sie wieder in ihre Handtasche und warf eine Buttersäurebombe über den Zaun. Es stank bestialisch, aber wozu hatte sie Personal? Sollten die sich doch darum kümmern.

Miriam lief weiter zur nächsten Bar. Der Tresen bestand aus glänzendem süditalienischen Marmor.

„Bringen Sie mir einen Ihrer miserablen Martinis!", bestellte Miriam.

„Kriegst du, Bitch", antwortete die Bartenderin.

Miriam schaute auf.

Mit festem Blick stellte die Barfrau das Martini-Glas vor sie hin.

„Schmeckt scheiße", bemerkte Miriam, nachdem sie einen Zug genommen hatte.

„Absolut", sagte die Kellnerin und lächelte sie überheblich an. „Die wirklich guten Drinks gibt's eine Tür weiter." Sie nickte mit dem Kopf nach hinten.

In der dunkel vertäfelten Wand hinter dem Tresen entdeckte Miriam eine Tür. Ohne ein weiteres Wort zu verlieren, erhob sie sich vom Barhocker und ging hindurch. Die Kellnerin zündete sich eine der Zigarren an, die sie hier im Laden teuer verkauften, dann folgte sie ihr.

Der Raum hinter der Tür mündete in einen langen mit Kerzen beleuchteten Korridor. Die goldenen Halterungen waren mit aufwendigen Ornamenten verziert, der Boden mit einem schweren Teppich ausgelegt.

„Willkommen in der *Royal Hall of Bitches*!“, sagte die Kellnerin und schaltete mit einem Tippen die Fackeln aus und eine gleißende LED-Beleuchtung ein. An den Wänden wurden Öl-Porträts von Frauen aus verschiedenen Jahrhunderten sichtbar.

„Unsere Vereinigung wurde 1568 von Elisabeth I. gegründet. Es heißt jedoch, dass es bereits unter Cleopatra erste Vorläufer dieser Verbindung gab. Leider ist alles so geheim, dass man keine Dokumente dazu findet.“

„Ein Geheimbund von Frauen, der schon seit Tausenden Jahren existiert? Das ist doch lachhaft!“, kommentierte Miriam unwirsch.

„Ich sehe schon, du passt sehr gut zu uns“, entgegnete die Bartenderin.

Sie führte Miriam durch den Korridor, hinein in einen herrschaftlichen Raum mit riesigem Kronleuchter und einer ebenso riesigen gedeckten Tafel. Dort saßen Frauen jeden Alters, die augenscheinlich der *Royal Hall of Bitches* angehörten. Einige von ihnen kannte Miriam aus den Medien, die meisten Gesichter waren ihr jedoch fremd. Miriam wurde der Platz links neben der Stirnseite zugewiesen. Die Frau, die am Kopfende saß, trug ein schlangenförmiges Diadem.

„Das ist die Oberbitch", flüsterte die Kellnerin.

Mit viel Kraft warf die Oberbitch ein Kristallglas an die Wand, um sich Gehör zu verschaffen.

„Verehrte *Royal Hall of Bitches*, ich möchte Ihnen nun unser neuestes Mitglied vorstellen!" Sie nickte Miriam gönnerhaft zu. „Miriam, wir haben lange gezweifelt, ob Sie über genügend Bitchiness verfügen, schließlich sind Sie im Öko-Gewerbe tätig. Aber als wir herausfanden, dass Ihre Patente nur von Ihrem Ex-Freund, diesem Biochemiker, geklaut sind und dass Sie, als er sich vor ein paar Jahren gerichtlich gegen den Diebstahl wehren wollte, die Richter aller Instanzen nahezu mustergültig erpresst und bestochen haben, wussten wir: Sie sind die Richtige für uns."

Eine Leinwand fuhr von der Decke herunter und die Oberbitch begann mit einer Präsentation über Miriams Leben. Der Geheimbund hatte sie anscheinend schon seit langer Zeit beobachtet. Schmunzelnd sahen die anwesenden Damen dabei zu, wie die 16-jährige Miriam ihrem Vater Abführmittel in die Morgenmilch rührte. Einige begannen zu glucksen, als die 20-jährige Miriam ihren Professor im Fahrstuhl verführte, im letzten Moment jedoch die Türen zum Flur öffnete, wo schon das Kollegium mit Kuchen und Sekt für seine Geburtstagsüberraschung bereitstand. Euphorischen Applaus erntete schließlich die Szene, in der sie Daniel Brühl in einem In-Restaurant Chilipaste in die Augen rieb, um an seinen Sitzplatz zu gelangen.

Nach der Präsentation wurde ein Kelch herumgereicht, in den jede der anwesenden Damen hineinspuckte.

„Das ist der Bitch-Pitch“, sagte die Anführerin zu Miriam und rotzte selbst noch einmal herzhaft nach. „Trink!“, fügte sie dann hinzu.

Miriam trank, ohne mit der Wimper zu zucken. „Ich hab im *Ritz Carlton* schon schlechtere Cocktails serviert bekommen“, kommentierte sie gelangweilt. Die *Royal Hall of Bitches* applaudierte erneut.

„Und was ist Ihre Motivation für Ihre persönliche Bitchiness?“, meldete sich eine Stimme aus der Runde.

Miriam verstand nicht ganz.

„Na ja, ist es Ehrgeiz? Oder einfach Geldgier? Oder vielleicht Neid? Eifersucht? Bitterkeit, weil Ihre große Liebe Sie verschmäht hat?“

Miriam zuckte mit den Schultern. Für sie hatte es nie ein besonderes Motiv gegeben. „Ich bin eine Bitch, weil ich es eben kann“, erklärte sie gelassen.

Schlagartig verstummte die gesamte Tafel. Alles schaute gespannt hinüber zur Oberbitch. „Nehmen Sie die Aussage besser zurück!“, sagte diese scharf.

„Niemals!“, entgegnete Miriam.

„Eine Bitch ohne jegliche Motivation ist eine *Native Bitch*. Eine Art Messias, der nur alle tausend Jahre geboren wird und sofort zur Oberbitch ernannt werden muss. Miriam, ich fechte Ihre Behauptung an und fordere Sie zum Kampf heraus!“

Der Kampf dauerte keine drei Minuten. Die Oberbitch hatte zu spät bemerkt, dass Miriam sich bereits das Schälchen mit der Chilipaste von der großen Tafel gesichert hatte. Während die Anführerin sich die Augen rieb, rammte ihr Miriam das Schlangendiadem in die Brust. Dann verließ sie ohne ein weiteres Wort den Saal.

Später in der Nacht saß Miriam in ihrem Schlafzimmer und konnte nicht einschlafen. Eigentlich hasse ich Mitgliedschaften, dachte sie. Diese ganze Vereinsmeierei ist doch Scheiße. Wahrscheinlich schicken die Bitches morgen auch nur ein Verlaufsprotokoll rum.

Miriam stöhnte angeekelt in ihr Kissen. Dann schaute sie hinüber zum Aquarium der verwachsenen Kreaturen. Reloading Nemo schwamm wie immer seine Kreise. Miriam stand von ihrem Bett auf und verfolgte mit dem Finger an der Scheibe seine Bewegungen. Gemeinsam drehten sie Runde um Runde. Und so wurde es am Ende doch noch ein guter Tag.

Die schönsten Abgründe des Alltags:

GRÜNDLICHKEIT

Ich habe mich entschieden", sagte Jens und ging ins Bad.

„Und wofür nun?", rief ich ihm hinterher, aber Jens antwortete nicht mehr. Er war schon beim Zähne-Reinigen.

Zähne-Reinigen bestand bei Jens aus nicht weniger als acht Arbeitsschritten und dauerte exakt zweiunddreißig Minuten. Er benutzte antizipatives Mundwasser zum Vorspülen, dann eine Zahnbürste für den oberen Rachenraum, danach eine Zahnbürste für den unteren Rachenraum, Zahnseide, Zungenschaber, Zungenwiederglätter, Zahnweißsalz und abschließend eine Fluor-Spülung mit alkalisch-antibakterieller Munddusche.

Jens' letzte Mitbewohnerin war ausgezogen, weil ihr Jens zu gründlich war. Ich fand seine Gründlichkeit faszinierend.

„Nun sag's doch endlich: Wofür hast du dich entschieden?", drängte ich, während Jens in aller Ruhe seinen Zahnputzbecher abtrocknete.

Er räusperte sich: „Ich werde mir ein Streifenhörnchen kaufen."

Ein Streifenhörnchen. Jetzt war es also raus.

Ich erinnerte mich: Vor ungefähr zwei Jahren hatte Jens das erste Mal erwähnt, dass er sich gern ein Haustier zulegen würde. Vorher wollte er sich aber erst einmal ganz allgemein über das Thema Tiere informieren. Er begann mit einem Buch über die Entstehung der ersten Einzeller vor etwa drei Milliarden Jahren. Dann arbeitete er sich weiter zu den Schwämmen, Rippenquallen und Plattwürmern vor. Damit sich der Rechercheprozess nicht zu sehr in die Länge zog, verkürzte Jens seine Schlafzeit auf vier Stunden, und nach etwa einem Jahr war er tatsächlich bei der Gruppe der Wirbeltiere angekommen. Zur Feier des Tages kochte Jens für uns beide.

„Was gibt's? Fisch, Lurch, Kriechtier, Vogel oder Säuger?", fragte ich.

„Nudeln", antwortete Jens.

„Nudeln" war das letzte Wort, das ich für die nächsten sieben Monate von ihm hörte. Jens kam nun nur noch einmal täglich aus seinem Zimmer, um eine neue Fachbuch-Lieferung entgegenzunehmen. Ich hatte inzwischen mit allen Paketboten unseres Zustellbereichs Brüderschaft getrunken und eine fünfzehnköpfige Tippgemeinschaft gegründet. Zwanzig Euro hatte ich darauf gesetzt, dass sich Jens ein Chinchilla kaufen würde. Jetzt war es also ein Streifenhörnchen.

Am nächsten Morgen um halb sechs wurde ich von dem Geräusch einer Motorsäge geweckt. Ich sprang auf und rannte in Jens' Zimmer.

„Warum zersägst du deinen Kleiderschrank?", fragte ich.

„Ich baue ein Gehege", antwortete Jens.

Am späten Nachmittag hatte er die komplette Vorderfront seines Schrankes ausgesägt und ein Gitter angebracht. Während ich seine akkurat abgeschmirgelten Käfigkanten bewunderte, fragte mich Jens, ob wir nicht einen Ausflug machen wollten.

„Warum nicht?", sagte ich. Unser letzter gemeinsamer Spaziergang war zwei Jahre her.

Eine halbe Stunde später parkten wir das Auto am Rande des Stadtwaldes. Jens holte pfeifend einen großen Rucksack aus dem Kofferraum. Ich wusste nicht, wann er ihn da hineingelegt hatte, wahrscheinlich gestern Nacht noch.

Wir gingen eine Weile durch den Wald. Plötzlich blieb Jens stehen und öffnete seinen Rucksack. Eine Axt kam zum Vorschein.

„Was willst du denn damit?", fragte ich.

Jens zeigte auf eine etwa fünfzehn Meter hohe Kiefer. „Wir brauchen einen Kletterbaum."

„So groß?"

„Mir geht es eh nur um den oberen Teil", erklärte Jens und haute die Axt in die Rinde.

Die Schläge hallten durch den Wald. Es war inzwischen dunkel geworden und die gesamte Aktion gefiel mir nicht besonders. Ich wollte am liebsten schnell wieder nach Hause, aber das konnte ich Jens in seiner ganzen Gründlichkeit natürlich nicht sagen.

„Mir ist kalt, Jens“, jammerte ich deshalb.

„Dann mach du mal weiter“, meinte er und drückte mir das Beil in die Hand.

Missmutig begann ich, gegen den Baum zu schlagen. Als ich nach mehreren Hieben kurz innehielt, vernahmen wir eilige Schritte im Unterholz.

„Was machen Sie da?“, dröhnte der Bass eines erzürnten Mannes durch den Wald.

„Mist, der Förster!“, zischte Jens, griff nach seinem Rucksack und verschwand im Dickicht. Ich wollte ihm hinterher, aber es war schon zu spät.

„Junge Dame, darf ich fragen, was Sie hier tun?“ Der Förster baute sich bedrohlich vor mir auf. Er musste fast zwei Meter groß sein.

„Ich … ich habe mich im Wald verirrt“, versuchte ich es.

„Und was machen Sie mit der Axt da?“

„Ähm … Ich gebe Klopfzeichen, damit man mich findet.“

Der Förster atmete ein paarmal geräuschvoll ein und aus.

„Mitkommen!“, sagte er nur. Er führte mich zu einer Forststation am Waldrand. Auf dem Weg versuchte ich ihn ein wenig milder zu stimmen. Ich erzählte ihm von meiner Kaspar-Hauser-ähnlichen Kindheit. Nie hätte ich rausgedurft. Und nun, da ich volljährig sei, würde ich jede freie Minute in der Natur verbringen. Gerade heute wäre ich wieder so begeistert von Flora und Fauna gewesen, dass ich gar nicht mitbekommen hätte, wie dunkel es geworden sei.

„Sie sollten wissen, dass ich Sie anzeigen werde", sagte der Förster, als wir vor dem flachen Gebäude ankamen.

Ich zitterte. Ich zitterte wirklich. Ich zitterte sogar so sehr, dass ich die Axt fallen ließ – und zwar genau auf den Fuß des Försters.

„Tut mir leid", sagte ich. „Ich liebe die Natur und alle Förster, das können Sie mir glauben!" Dann rannte ich davon.

Leider kam ich nicht an der Stelle des Waldes heraus, wo das Auto stand. Außerdem hatte Jens den Wagenschlüssel. Deshalb beschloss ich, zu laufen.

Als ich zwei Stunden später zu Hause ankam, stand der *Honda* schon vor der Tür.

„Schön, dass du da bist", sagte Jens.

Im Flur lag der Baum.

„Ich hatte noch eine Ersatz-Säge im Rucksack", erklärte er mir.

Ich antwortete nicht. Erst mal brauchte ich ein heißes Bad. Ich zog den Duschvorhang beiseite, aber die Wanne lag voller Streu. Außerdem hatte Jens den Badezimmerteppich zerschnitten. Als Moos-Ersatz.

„Wir müssen reden“, sagte ich später am Abendbrottisch.

Jens seufzte. „Du willst mir sicher sagen, dass du ausziehen wirst, weil ich dir zu gründlich bin.“

Ich nickte.

„Das passiert mir immer wieder“, sagte Jens und sah dabei ernsthaft betrübt aus. Irgendwie tat es mir plötzlich leid, dass auch ich an seiner Gründlichkeit gescheitert war.

Jens griff nach meiner Hand. „Könntest du mir noch einen letzten Gefallen tun?“

„Hm …“

„Würde es dir etwas ausmachen, noch schnell aufzuräumen? Um acht kommt die erste Interessentin für dein Zimmer.“

Ich nickte schwach. Das war echte Gründlichkeit, das musste man ihm lassen.

Die schönsten Abgründe des Alltags:

RENTNERINSELN

Es war kalt und wir wollten ins Warme, um zu schreiben. Aber wir wollten auch nicht so viel Geld ausgeben. Und wir wollten nicht so weit fliegen. Das schränkte die Auswahl sehr schnell ein. Am Ende blieben nur noch Fuerteventura und Madeira übrig. Die Vulkaninsel Fuerteventura besteht – wie Hannover 1945 – zu neunzig Prozent aus Asche. Madeira auch, aber die Asche ist pflanzenmäßig besser zugewachsen. Also buchten mein Autorenkumpel Sebastian und ich den Flug nach Madeira.

„Waaas? Diese Renterinsel?", fragten meine Kollegen ungläubig.

Ich hatte noch nie davon gehört, dass Madeira eine Rentnerinsel war. Aber dann erinnerte ich mich an meine Oma. In ihrem nunmehr 86-jährigen Leben hat sie nur eine einzige Flugreise gemacht. Raten Sie mal, wohin. Es muss jetzt schon zwanzig Jahre her sein, aber seitdem gibt es ein Handtuch in ihrem Bad, das dunkelblau ist und auf dem in Regenbogenfarben das Wort *„Madeira"* steht. Wenn man geduscht hat, muss man das Madeira-Handtuch immer über den Badvorleger legen. Und zwar, damit der Badvorleger nicht nass wird.

Es ist eine ganz eigene Logik, die dahintersteckt, das gebe ich zu. Aber es macht meine Oma glücklich, und deshalb tue ich es gern.

Zurück zu Madeira: Ich stellte mich also auf einen Rentnerurlaub ein. Ich würde ordentlich frühstücken und dann in einer karierten Trachtenbluse auf einem Eselkarren zu einer Weinverkostung fahren. Ich würde das lokale Angebot an bestickten Tischdecken, Gewürzmischungen und beigefarbenen Käppis auschecken und ansonsten einfach nur rumliegen, lesen und dazwischen ein bisschen schreiben. Das klang eigentlich sehr gut. Vielleicht würde ich von jetzt an nur noch Rentnerurlaube buchen. Und jedes Mal würde ich mir ein Handtuch vom Zielort mitbringen, das man nach dem Duschen über meinen Badvorleger drapieren müsste. Einfach, um mich glücklich zu machen.

Während ich am Gepäckband des *Aeroporto Santa Catarina da Madeira* auf meine Tasche wartete, betrachtete ich die mit mir gelandeten Neuankömmlinge. Um höchste Integrationsbereitschaft zu zeigen, hatte ich meine neu gekaufte Trachtenbluse bereits übergezogen. Ich wollte damit sagen: *Rentner, ich bin eine von euch!*

Aber was musste ich feststellen?

Die Madeira-Senioren hatten einen ganz eigenen Dresscode. Um mich herum versammelte sich

Funktionskleidung im Wert von mindestens 25 000 Euro. Feinstes Goretex, Sympatex, Texapore, Softshell, Hardshell, NeoShell und Fleece, immer wieder Fleece, in allen Formen und Farben.

Gut, dachte ich, sie nehmen den Ausflug zur Weinverkostung sehr ernst. Vielleicht haben sie Angst, sich auf dem Eselkarren zu verkühlen. Man wurde eben vorsichtiger im Alter. Ich lächelte milde, jodelte einmal kurz in die Runde, um das allgemeine Zusammengehörigkeitsgefühl zu stärken, und stieg dann in den Bus, der mich in die Hauptstadt Funchal bringen sollte, wo unser Hotel lag.

Funchal war ein zwischen Berge und Ozean gezimmertes Häusermeer und unser Hotel ein charmant abgeranztes Punkthochhaus. Es trug den Namen *„Mimosa“* und hatte freies WLAN, aber nicht auf dem Zimmer. Am Abend saßen wir in der Lobby zwischen lauter Grauhaarigen, die eifrig auf ihren Smartphones und *iPads* herumtippten. Sebastian schaute sich unbehaglich um. Weil er sein Smartphone kurz vor dem Urlaub ins Klo fallen lassen hatte, besaß er jetzt nur noch ein ganz einfaches Handy.

Ich versuchte die Situation zu entspannen. „Vielleicht könnten wir ja eine Runde Rommé spielen? Oder das Spiel mit den Würfeln, wo man so Straßen zusammenkriegen muss?“, schlug ich vor.

„Na ja, ich will hier auch nicht unangenehm auffallen“, entgegnete Sebastian.

Ich blickte in die Runde der Silver Surfer und nickte einsichtig. Gleichzeitig ließ ich die noch in Deutschland gekaufte *SuperIllu* mit dem extra großen Kreuzworträtselteil unauffällig in meiner Handtasche verschwinden.

„Und? Seid ihr auch zum Aktivurlaub hier?"

Ein Mittsechziger in Fahrradleggins warf sich neben uns auf die Couch.

„Eigentlich hatten wir eher ans Schreiben gedacht", antwortete Sebastian.

„Und an ein bisschen Erholen natürlich auch", ergänzte ich.

„Ach, erholen!", entgegnete der Mann. „Erholen könnt ihr euch noch, wenn ihr Pflegestufe II habt." Er zog ein *iPad* hervor und zeigte uns die Strecke seiner für morgen geplanten Mountainbike-Tour.

„Nicht schlecht", staunte Sebastian. Auch er war Mountainbiker, wenn auch kein regelmäßiger. Aber zumindest war er schon einmal kurz am Rand des Erzgebirges vorbeigefahren.

„Ich bin übrigens Jürgen", sagte der Silver-Biker. „Morgen kommt noch mein Kumpel mit. Der heißt Holger. Aber *Holger* können die Portugiesen nicht aussprechen. Hier auf der Insel ist er deshalb einfach nur *Olga*.

„Olga, komm doch mal rüber!" Jürgen winkte einen Mann zu uns, der aussah wie Rüdiger Nehberg und vermutlich ohne Weiteres drei Wochen in zwei

Meter tiefem Schlamm überleben konnte. Mit einer Vogelspinne auf dem Kopf.

„Wollt ihr euch unserer Mountainbike-Gruppe anschließen?", frage Olga, während er uns mit kräftigem Händedruck begrüßte.

„Also ich eher nicht", sagte ich und ergänzte: „Ich muss schreiben."

Doch Sebastians Ehrgeiz war geweckt. Ich entdeckte ein beängstigendes Funkeln in seinen Augen.

Schnell nahm ich ihn zur Seite.

„Klar, du warst mal zwei Stunden im Erzgebirgskreis unterwegs. Und klar, du fährst zu Hause jeden Tag Fahrrad. Aber wir sind nun mal aus der verdammten Leipziger Tieflandsbucht. Der einzige Anstieg, den wir kennen, ist der Zwei-Minuten-Weg vom *Café Grundmann* hoch zum Südplatz-Späti, also keiner."

Doch Sebastians Entschluss war gefasst.

Am nächsten Morgen hatte er sich ein Leihrad besorgt und stand bereit für seine Tour mit Olga und Jürgen. Als Ziel hatten sie sich das Cabo Girao ausgesucht, das *Kap der Umkehr*, mit circa 580 Metern die höchste Steilklippe der Europäischen Union. Unsicher winkte ich Sebastian zum Abschied zu.

„Bis gleich", sagte er und schwang sich lässig auf den Sattel.

Ich beschloss, dass nun eine gute Zeit war, mich

dem Schreiben zu widmen. Viele Künstler sind ja besonders in der Nacht kreativ. Bei mir ist der Vormittag am produktivsten. Da bin ich frisch und konzentriert. Danach geht eigentlich nichts mehr. Das Blöde ist nur, dass ich ungern früh aufstehe. Das heißt, ich fange meist erst gegen zehn an. Dann fällt mir ein, dass ich noch kurz Bauchmuskeltraining machen könnte oder irgendwas mit *Facebook* oder Kaffee. Und ehe ich richtig beginne, wird es meistens elf. Leider muss ich um zwölf schon wieder aufhören, weil ich Mittagshunger bekomme. Ein Schriftstellerarbeitstag dauert für mich also genau eine Stunde.

Diese Stunde war dann auch an diesem Tag wieder überraschend schnell vorbei. Nach dem Mittagessen saß ich in der Lobby und langweilte mich.

Na gut, sagte ich mir, wenn ich einmal auf Madeira bin, mache ich halt ein bisschen Kultur. Ich entschied mich für das Ronaldo-Museum, das es auf Madeira gibt, weil Christiano Ronaldo ein Kind der Insel ist. Der Reiseführer sagte mir, dass es auch für Ronaldo-Skeptiker einen Besuch wert sei. Das überzeugte mich.

Der Eintritt kostete fünf Euro – und was man zu sehen bekam, waren tausend langweilige Pokale und tausend langweilige Fußbälle, auf denen irgendwelche Leute unterschrieben hatten. Zudem hatten die untalentiertesten Bildhauer des Landes verschiedene Ronaldo-Büsten angefertigt, die sich in ihrer Hässlichkeit gegenseitig überboten. Ich nahm mir vor, der Reiseführer-Redaktion einen sehr, sehr bösen Brief zu schreiben und mein Geld zurückzuverlangen.

Als ich wieder in die Hotel-Lobby kam, saßen dort Olga und Jürgen und tranken madeirisches *Coral*-Bier. Zwei Stunden später traf auch Sebastian ein. Schweißnass und völlig am Ende.

„Nach den ersten zehn Kilometern bergauf haben sie mich einfach abgehängt", keuchte er.

„Das liegt wahrscheinlich daran, dass sie *Doppelherz* nehmen", versuchte ich ihn zu trösten.

„Oder *Viagra*", seufzte Sebastian. „Lass uns morgen einfach was Ruhiges machen", schlug er vor.

Wir entschieden uns für eine Delfin-Tour. Da konnte man gemütlich in einem Boot sitzen. Genauer gesagt: auf einem Katamaran. Es war ein schöner, großer, sanft auf und ab wippender Katamaran. Zumindest im Hafen.

Je weiter wir aufs Meer hinausfuhren, desto rauer wurde die See. Meterhohe Wellen rissen den Katamaran in die Höhe und dann wieder metertief nach unten. Neben uns tummelten sich unzählige Delfine: Mutti-Delfine mit ihren Babys, Kumpeldelfine, die zu viert gleichzeitig aus dem Wasser sprangen, und weiter hinten sprühte sogar ein Wal seine Fontäne umher. Der Genuss dieses Augenblicks wurde nur dadurch getrübt, dass fünf Leute direkt neben uns damit begannen, sich die Seelen aus dem Leib zu kotzen. Das Wort „reihern“ erhielt durch sie eine ganz neue, maßgeblich intensivere Bedeutung.

Die Katamaran-Fahrt dauerte drei Stunden. Weder Sebastian noch ich mussten uns während dieser Zeit übergeben, worauf wir sehr stolz waren. Aber wir konnten an diesem Tag auch kein Abendbrot mehr zu uns nehmen. Und am folgenden kein Frühstück. Und darauf kein Mittagessen. Dafür ließen wir uns von Olga und Jürgen zu einem Ausflug in den Stinklorbeerwald überreden.

„Der Stinklorbeerwald ist UNESCO-Weltnaturerbe“, erklärte Olga begeistert.

„Aha“, sagte Sebastian.

„Na da“, sagte ich. Wir waren einfach zu geschwächt, um zu widersprechen.

Am nächsten Morgen um acht ging es los. Kaum dass wir den Parkplatz erreicht hatten, holten Olga und Jürgen kleine graue Geräte aus ihren Taschen, die man sich um den Hals hängen konnte.

„Was machen die da?“, fragte ich leise.

„Die cachen geo“, flüsterte Sebastian zurück.

Wir folgten den beiden und ihren Ortungsgeräten in den Stinklorbeerwald. Das Gute war: Er stank nicht. Er stand nur im dichten Nebel. Die jahrhundertealten knorrigen, von Farnen und Moosen bewachsenen Äste reckten sich schaurig schön in das weiße Nichts hinein. Jede Symphonic-Metal-Band hätte hier mit Freude sofort ein neues Video gedreht. Aber wir waren ja weder *Nightwish* noch *Lacrimosa*, sondern einfach nur Sebastian, Olga, Jürgen und ich. Und deshalb mussten wir geocachen, was bedeutete, dass wir jede einzelne Furche der jahrhundertealten knorrigen, von Farn und Moos bewachsenen Baumstämme auf winzig kleine Döschen zu untersuchen hatten, die einen schmalen Zettel enthielten, auf den Olga und Jürgen ein Datum kritzelten. Für die Döschen machten wir waghalsige Klettermanöver, wateten durch Sumpf und Morast, robbten durch Unterholz und Gestrüpp. Nach einer Stunde waren meine Schuhe zwei Erdklumpen und meine Jeans zerrissen.

Nach vier Stunden und 57 Caches durften wir endlich zurück ins Auto. Auf dem Weg ins Hotel stoppten Olga und Jürgen den Wagen ungefähr alle drei Meter, um auch noch die umliegenden Caches mitzunehmen. Diese befanden sich entweder auf einer riesigen Anhöhe oder ganz unten in einer schwer zugänglichen Talmulde. Sebastian und ich blieben meist einfach auf der Rückbank sitzen und schauten Olga und Jürgen beim Klettern zu.

„Sag mal", meinte Sebastian, „wenn wir ab morgen unsere Ernährung komplett umstellen und jeden Tag ganz hart trainieren, meinst du, dann könnten wir den nächsten Madeira-Urlaub einigermaßen souverän durchziehen?"

„Ich weiß nicht“, sagte ich. „Vielleicht ist so ein Rentnerurlaub einfach zu krass für uns. Schließlich sind wir Schriftsteller.“

Sebastian nickte andächtig.

„Worüber schreibst du eigentlich gerade?“

„Darüber“, sagte ich und reichte ihm ein kleines grünbraunes Blatt. Über Stinklorbeer war in dieser Welt einfach noch viel zu wenig geschrieben worden.

Die schönsten Abgründe des Alltags:

PAKETBOTEN

Sie kennen das vielleicht: Man bestellt irgendwo etwas in einem Online-Shop und dann kriegt man zwei Tage später eine Mail: *„Ihr Paket wird Ihnen morgen zwischen 8 und 18 Uhr zugestellt. Wenn Sie in dieser Zeit nicht zu Hause sind, können wir es gern bei Ihrem Wunschnachbarn abgeben."*

Das ist grundsätzlich ein sehr liebenswertes Angebot, aber diesmal wollte ich nicht darauf zurückgreifen, denn ich war zu Hause. Und ich wollte es genießen. Ich würde den ganzen Tag in meiner Wohnung verbringen und auf das Paket warten. Einfach nur, um mal den Prozess einer Online-Bestellung richtig zu würdigen. Es war doch traurig, dass man immer nur so stumpf vor sich hin bestellte: Straight-leg-Jeans, bleached – ab in den Warenkorb. T-Shirt, mauve – ab in den Warenkorb. Doppel-DVD *„Faszien-Yoga"* – ab in den Warenkorb. Zur Kasse gehen. Und dann scherte man sich nicht mehr darum, bis man alles wieder zurückschickte.

Doch als aufgeklärte Bürgerin war mir klar, dass diese Haltung ignorant und geringschätzend war. Denn hinter den Kulissen gab es Menschen, Bestellservice-Mitarbeiterinnen, Lagerarbeiter und nicht zuletzt Paketboten und Paketbotinnen, die früh aufstanden, anstrengende Schichten schrubbten und ihre Pausen-Stullen in Rekordzeit herunterschlangen, nur damit das Päckchen pünktlich bei uns eintraf.

In meinem Fall kommt erschwerend hinzu, dass ich im vierten Stock wohne, ein sehr weit oben liegender vierter Stock, denn das Haus ist ein Altbau und hat ungefähr acht Meter hohe Decken. Das schlägt sich natürlich auch auf die Treppen nieder und damit wiederum in den Anforderungen an die Paketboten.

Ich muss zugeben, dass auch ich diese vielen Treppen nur ungern hinabsteige. Inzwischen mache ich es nur noch, wenn es wirklich nötig wird, zum Beispiel, wenn es brennt. Deshalb habe ich auch Respekt vor jedem *DHL*-Boten, der verschwitzt und atemlos bei mir oben ankommt.

Auch an diesem Tag wartete ich nun also auf einen Vertreter dieses ehrbaren Berufsstandes. Ich hatte sogar ein Willkommensschild gebastelt, um ihn oder sie für die letzten Stufen zu motivieren.

Gegen elf Uhr klingelte es. Ich drücke auf den Summer und machte mir Kaffee. Nach einer halben Stunde war der Bote endlich auf dem letzten Treppenabsatz angelangt. Er taumelte bereits.

Ich rief: „Gleich haben Sie es geschafft!" und hielt mich für eine Umarmung bereit. Doch in diesem Moment erkannte ich, dass er eine braune Jacke trug und damit der *UPS*-Mann war. Er wollte nur ein Paket für die Nachbarn aus dem fünften Stock bei mir abgeben.

Das Paket war riesig und mein Flur war schmal. Ich musste die Garderobe abnehmen und das Flursofa hochkant stellen, damit es hineinpasste, aber ich machte es gerne. Dann wartete ich weiter.

Der frühe Nachmittag wurde zum späten Nachmittag und der späte Nachmittag zum frühen Abend. Irgendwann war es 18 Uhr und der *DHL*-Bote war immer noch nicht aufgetaucht. Ich überlegte, ob ihm vielleicht etwas passiert sein konnte. Ein Autounfall oder gar eine Entführung. Aber vielleicht war auch ich in den letzten zehn Stunden kurzzeitig unaufmerksam gewesen. Ein paar Minütchen zwischendrin weggenickt und schon hatte ich sein Klingeln überhört.

Ich wartete noch bis 18.30 Uhr, dann zwängte ich mich an dem riesigen Paket meines Nachbarn vorbei und tat, was ich so ungern tat: Ich ging nach unten. Hatte ich erwähnt, dass unsere Decken ungefähr zwölf Meter hoch sind?

Ich lief also und lief, draußen wurde es dunkel und wieder hell, die Jahreszeiten rauschten an mir vorbei, Kinder wurden gezeugt, geboren, eingeschult – und dann war ich irgendwann unten angelangt. Ich schaute in meinem Briefkasten nach und dort lag – zwischen fünfzig Briefen aus verschiedenen Jahrzehnten – auch eine Karte von *DHL*. *„Leider haben wir Sie nicht* *angetroffen. Ihr Paket wurde bei Ihrer Nachbarin Frau Riekhorst abgeben.*"

Frau Riekhorst war Rentnerin und wohnte im Erdgeschoss. Ich klingelte und dachte: Juhu, gleich werde ich meine Faszien-Yoga-DVD ausprobieren!

Doch Frau Riekhorst öffnete nicht. Ich klingelte noch einmal und rief: „Frau Riekhorst? Ich bin es, Ihre Wunschnachbarin!"

Aber Frau Riekhorst war nicht da.

Ich beschloss, es am nächsten Morgen aufs Neue zu probieren, und richtete mir ein Nachtlager auf ihrer Fußmatte ein.

Am nächsten Tag las ich die Briefe, die noch in meinem Postkasten gelegen hatten. So erfuhr ich, dass meine Cousine vor drei Jahren geheiratet hatte, dass ich vor fünf Jahren irgendetwas ganz dringend hätte an meine Krankenkasse schicken müssen. Und dass ich eine der wenigen Auserwählten war, die sich im *Büchergilde Bücherclub* die 15-bändige *Große Bertelsmann-Lexikothek* sichern konnte. Zum Vorzugspreis von 6750 D-Mark.

Mit diesen wertvollen Informationen ging der erste Tag auf der Fußmatte von Frau Riekhorst vorüber. An der Tür tat sich nichts, außer dass der *DHL*-Bote kam und sich beschwerte, dass er nun ins erste Obergeschoss laufen müsse und nicht mehr alle Pakete einfach hier im Parterre abladen könne. Ich hatte Mitleid mit ihm. Er hatte Mitleid mit mir. Mit gutem

Whiskey aus einem Paket, das eigentlich ins dritte OG sollte, tranken wir Brüderschaft.

„Weißt du, für uns existiert alles ab dem zweiten Stock eigentlich gar nicht mehr", verriet mir der Paketmann. Es war anscheinend eine Geheimklausel, die der *DHL*-Betriebsrat vor langer Zeit einmal ausgehandelt hatte. Sie erklärte einiges. Aber sie erklärte nicht, wo Frau Riekhorst blieb.

„Ob sie in den Urlaub gefahren ist?", überlegte der Paketbote, den ich inzwischen – wie alle seine Freunde – *Schmiddi* nennen durfte.

„Aber wer nimmt ein Paket an und fährt dann in den Urlaub?", fragte ich.

Schmiddi zuckte mit den Schultern.

Vierzehn Tage später kam Frau Riekhorst aus Lanzarote zurück. Sie trug das von mir bestellte T-Shirt in Mauve.

„Behalten Sie's", sagte ich und nahm den restlichen Paketinhalt entgegen.

Sie dankte mir und meinte, es sei jetzt Zeit für ihr tägliches Faszien-Yoga. Anscheinend hatte sie die DVD noch im Urlaub überspielt.

Als ich nach einem langen, beschwerlichen Aufstieg meine Etage erreichte, wartete dort schon seit Tagen mein Nachbar aus dem fünften Stock, um sein Riesenpaket abzuholen. Er sah sehr dünn und ausgehungert aus. Damit er wieder zu Kräften kam, lud ich ihn auf Tee und Kekse zu mir ein. Und weil uns beiden der Nacken vom Übernachten auf den Fußabtretern spannte, schoben wir auch noch die Faszien-Yoga-Disc in den Player. Mein Nachbar war begeistert und wollte sich sofort die gleiche DVD nachbestellen. Ich riet ihm zu Faszien-Yoga Teil zwei, dann hatten wir alle im Haus was davon. Einschließlich Frau Riekhorst.

Das sah er ein und bestellte noch am selben Abend.

Die schönsten Abgründe des Alltags:

MALERN

Wenn zwei Leute zusammen malern, muss es immer eine Teamaufteilung geben. Das heißt: Einer macht die großen Flächen, der andere die Feinarbeit.

Ich bin eher der Typ Feinmaler. Mein Spezialgebiet ist das akkurate Abkleben aller Leisten, Steckdosen und sonstiger Raffinessen, die eine Wand so zu bieten hat. Außerdem klebe ich mit großer Vorliebe weiße Begrenzungsstreifen ab. Das macht man ja heute so. Man bemalt eine Wand in *Die Dächer-von-Paris-Grau* oder in *Das-Licht-der-Gletscher-Blau* und dann lässt man drum herum einen feinen weißen Rahmen stehen. Für mehr Eleganz im Raum und zum Schrecken eines jeden, der diese Wand mal irgendwann andersfarbig malern will. Aber das ist mir egal. Ich bin Feinmalerin, ich liebe weiße Rahmen. Und ich gehe mit Spezialwerkzeug vor. Um so eine richtig perfekte Farbkante zu bekommen, hole ich auch gern mal das Schulpinsel-Malset heraus. Da ist ein Pinsel drin, der hat, grob geschätzt, zwei Pinselhaare, und mit dem mache ich dann klar, dass in 3,50 Metern Deckenhöhe alles ganz exakt aussieht. Nicht, dass so ein kleiner Sterzel hervorsteht, so ein Ausrutscher in der

Farbkante, der mich dann jahrelang anguckt und mir jeden Tag sagt: *Das ist Pfusch, was du hier geleistet hast. Das ist peinlich. Geh und bewirb dich für eine Wohnungs-Realityshow, damit die das Ganze wieder geradebiegen.*

Mein Freund ist übrigens ganz anders. Er ist der geborene Grobmaler. Da ergänzen wir uns wirklich prima. Mein Freund kommt in den Raum, greift sich die große Rolle und will Fläche machen. In so richtig breiten Streifen, Quadratmeter für Quadratmeter. Und das ist an sich auch gut so. Nur leider vergisst er manchmal, dass da unten noch jemand sitzt, der die Kanten vorher erst mal ganz genau abkleben möchte.

Da ist gegenseitige Maler-Toleranz gefordert. Meist schickt die Feinmalerin den Grobmaler dann in den Baumarkt, um eine neue Farbrolle zu holen, denn man braucht ja immer irgendwas vom Baumarkt, wenn man renoviert.

Als Heimwerker-Neuling erschrickt man zunächst noch an der Kasse: „Was? Die zwei Farbeimer und das Rollen-Set kosten zusammen 130 Euro?“ Später gibt man einfach nur emotionslos die EC-Karte hin und lässt abbuchen. Dafür steckt man sich drei Tüten Gummibärchen vom Info-Tresen ein. Das tröstet ein bisschen. Aber eigentlich weiß man es bereits: Man kann gegen einen Baumarkt nur verlieren. Ich meine, niemand will es zugeben, aber jeder kennt die Situation, wenn man erst mal die billigere Farbe gekauft hat („Weiß auf weiß, das geht schon“) und dann –

nachdem man dreimal drübergestrichen hat und es immer noch scheckig aussieht – noch mal zu *Hornbach* fährt, um doch den *Alpina*-Premium-Eimer für fünfzig Euro zu erstehen. Mit knirschenden Zähnen.

Ja, die Zeit des Malerns ist auch eine Zeit des Hasses. Man fängt an, Dinge zu hassen, die man immer geliebt hat: Baumarkt-Gummibärchen, 3,50 Meter hohe Wände, die schöne Altbausubstanz, bei der einem aber leider die Altfarbe entgegenblättert, wenn man drüberstreicht. Und während man auf der neu gekauften, schweineteuren Baumarkt-Leiter steht und mit einem Spachtel zwanzig Quadratmeter Deckenfläche abspatelt, wobei einem die ganzen Zeit feiner Altfarbstaub entgegenrieselt, fängt man an zu denken: *Scheiß auf Stil! Scheiß auf Bohème! Gebt mir eine tot sanierte Wohnung! Gebt mir abgehängte Decken! Gebt mir Gipskartonwände! Gebt mir Raufaser-Tapete! Genau, ich will Raufaser-Tapete! Weiß gestrichen! Ohne weißen Rahmen!*

Und dann sackt man in seinen Malerklamotten auf der Couch zusammen und schaut sich eine Folge „*Die Bauretter*“ auf *RTL2* an. Dort wohnt eine Familie seit zwei Jahren im Rohbau eines Hauses, wo es reinregnet, auf die Elektrokabel, die von der Decke baumeln, wo der Bauleiter mit den letzten Ersparnissen durchgebrannt ist und wo die Bodenplatte des Hauses immer weiter im brandenburgischen Schlick versinkt. Und dann denkt man sich in seinem Grobmaler-Feinmaler-Team: So schlimm ist es bei uns ja eigentlich doch nicht.

Und während die Bauretter-Familie ins neu gemachte Haus einzieht, in dem jetzt überall Wandtattoos zu finden sind, auf denen so etwas steht wie: *„La vie“*, *„Paris“* oder *„Sur le pont d'Avignon“*, macht man sich eine *5-Minuten-Terrine* warm.

Jo, sagt man sich, endlich darf ich mal wieder den ungesunden Shit aus meiner Kindheit essen. Beim Malern ist das nämlich erlaubt.

Und während der Dampf aus der Terrine *„Spaghetti Bolognese“* und der Terrine *„Kartoffelbrei mit Fleischklößchen“* emporsteigt, ist man wieder eins mit sich und der Welt. Man kann das Leben wieder genießen, das Positive sehen. Und zum Einschlafen singt man dann unter seiner mit Farbstaub besprenkelten Daunendecke ganz leise die alte Weise, so sanft und *schee*: *„Yippiejaja-yippie-yippie-yeah!“*

Die schönsten Abgründe des Alltags:

ULTRA SEIN

Jede Autorin, jeder Autor spricht ein bestimmtes Publikum an. Ich kenne eine schöne, junge Schriftstellerin, die mit ihren gut geschriebenen dystopischen Büchern immer etwa 60-jährige Männer anzieht, die ihr sagen: „Ich habe Ihr Buch zwar nicht gelesen, aber ich kann Ihnen auch jede Menge interessante Geschichten erzählen."

Eine andere befreundete Autorin schrieb ein Sachbuch über Krisen und Aussteigertum und bekam dann Briefe von Aluhut-Trägern, die meinten: „Achten Sie auf Ihren digitalen Fußabdruck. Der ist so groß wie der eines Yetis."

Meine Lieblings-Literatur-Groupies sind aber immer noch die Leserinnen des sächsischen Autors Michael Bittner. In Schriftstellerkreisen nennen wir sie liebevoll die *„Bittner-Ultras"*. Sie sind meist über sechzig und verehren vor allem den geschliffenen Stil des promovierten Germanisten Bittner. Auf Lesungen stürzen sie – sobald er sein Buch zugeklappt hat – nach vorne, um dann etwas loszuwerden wie: „Oooch, Herr Bittner, Iiiihhhhre Sproooche!"

Man muss dazu sagen, dass der Kollege Bittner nicht allein durch seine Bücher, sondern ebenso durch seine Kolumnen in der *Sächsischen Zeitung* zu Ruhm und Ehren gekommen ist. Auch auf dem Zeitungspapier nimmt er kein Blatt vor den Mund und teilt in grammatikalischer Vollendung gegen all das rechte Geschnusel aus, das sich da an der Elbe zusammengewutbürgert hat.

Michael Bittner ist also nicht nur ein Virtuose der Sprache, sondern auch ein mutiger, ein politischer Autor. Und was das Schönste ist: Er sieht dabei noch hervorragend aus. Hervorragend intellektuell, um genau zu sein. So bedeckt er seinen Denker-Körper stets mit geschmackvoll dezenten Farben wie Schopenhauer-Braun, Bauhaus-Grau oder Oberlauf-Moldau-Blau. Seine schwarze Kastenbrille manifestiert den fokussierten Blick, mit dem der Autor die Welt in Augenschein nimmt. Den Abschluss seines klugen Hauptes bildet ein klar definierbarer, aber dennoch nicht zu exakt gezogener Von-ihm-aus-links-Scheitel. Er erlaubt es ihm, sein Stirnhaar bisweilen mit sanftem Schwung aus dem Gesicht zu wiegen, was ihm bei günstigen Lichtverhältnissen eine Aura Giovanni-de-Lorenzo-hafter Lässigkeit verleiht.

Was soll ich sagen: Nachdem ich mir einmal all die Vorzüge des geschätzten Kollegen Bittner in ihrer Gesamtumfänglichkeit vor Augen geführt hatte, wurde mir klar, dass ich dazugehören wollte zu seiner Fangemeinde. Deshalb suchte ich das Bittner-Ultra-Büro in Dresden auf und füllte den Anmeldebogen aus.

Hinterm Tresen stand eine etwa 65-jährige Frau mit Oberlauf-Moldau-blauem Schlauchschal. Sie blickte missmutig auf das von mir angegebene Geburtsdatum. „Junge Dohme, Sie wissen schoun, dass man bei den *Bittner-Ultras* nur mitmachn darf, wenn man das sechzigste Lebensjahr bereits überschriddn hat."

„Oh", sagte ich. „Das war mir in der Tat nicht bewusst."

„Bärbel", tönte es aus dem Hinterzimmer. „Kömmer die Kleene nisch eenfach zur *Bittner-Jugend* stecken?"

„Zur *Bittner-Jugend?*", fragte ich.

„Nee, Bettina, die geht doch oh bloß ab vierzig los."

Aber ich hatte Glück, die *Bittner-Jugend* befand sich noch im Aufbau, deshalb konnte eine Ausnahme gemacht werden. Zwei Wochen später wurde ich auf dem ersten ordentlichen Plenum der *BJ* mit 37 von 42 Stimmen als neues Mitglied bestätigt. Noch am selben Tag legten wir den Zweck der Bewegung mit der *„Huldigung und Verbreitung des Gesamtwerks des von uns verehrten Autors Dr. Michael Bittner"* fest. Zudem beschlossen wir die breit gefächerte Bepostung sämtlicher Buchblogs mit begeisterten Rezensionen. Ich wurde Leiterin des Arbeitskreises Bibliotheken, der zunächst durch freundliches Nachfragen und, wenn nötig, auch durch subtilen Druck die regionalen Leihbüchereien dazu bringen sollte, die Werke unseres Lieblingsautors vorrätig zu halten.

Zehn Tage später fand meine erste Bittner-Lesung als offizielles Mitglied der *BJ* statt. Ich war ein bisschen aufgeregt, als ich die Tür zum Veranstaltungssaal durchschritt. Alle Mitglieder der *Bittner-Ultras* und der *Bittner-Jugend* hatten ein geschlossenes Kommen zugesichert. Langsam ging ich an ihnen vorbei durch die Reihen. Sobald sie mich als eine der ihren erkannten, schwenkten sie die Köpfe sanft nach links, gerade so, als würde sich der Meister selbst das sorgsam gescheitelte Haar aus dem Gesicht wiegen. Ich schwang meinen Kopf in der gleichen Weise zurück. Der Bittner-Gruß.

Nach der Lesung erhoben wir uns alle gleichzeitig von unseren Plätzen und stürmten nach vorne, um in einem mehrstimmigen Chor voller Begeisterung „Oooch, Herr Bittner, Iiiihhhhhhhhre Sprooooche!" auszurufen.

Nachdem der große Denker sich nach einer Autogrammstunde höflich und bescheiden, wie es seine Art ist, verabschiedet hatte, kehrten wir noch einmal in den Gewölbekeller des Bittner-Ultra-Büros ein, um zu besprechen, welche Lesungsdetails wir am heutigen Abend als besonders beeindruckend empfunden hatten. Und je mehr wir darüber redeten, desto großartiger fand ich Leben und Wirken des von uns hochverehrten Autos Michael Bittner. Seine ganze Bittnerness füllte mich plötzlich derart aus, dass ich das Gefühl hatte, zum allerersten Mal auf dieser

Welt Teil von etwas Großem, Geistigem, Erhabenem zu sein. Von einer echten Gemeinschaft eben.

Und diese Gemeinschaft schmiedete Pläne. Zunächst beschlossen wir, an all diejenigen, die Bittners Kolumnen in den sozialen Netzwerken kritisierten, gepfefferte Hassbriefe zu schreiben. Wir trollten also die Trolle. Aber wir wurden auch offline aktiv. Eine Bibliotheksleiterin aus Meißen weigerte sich seit Monaten, auch nur ein Bittner-Werk in ihr Sortiment aufzunehmen. Wir lauerten ihr auf dem Parkplatz auf. Als sie ihr Auto öffnete, warf ihr Bärbel vom Tresen einen Schopenhauer-braunen Sack über den Kopf. Bettina aus dem Hinterzimmer drückte ihr ein anonymes Schreiben in die Hand, in dem stand: *„Ihnen wird nichts Schlimmes passieren, wenn Sie das Buch, das wir Ihnen heute anonym geschickt haben, in Ihren Bestand aufnehmen. Und vergessen Sie nicht: Es ist ein sehr gutes Buch."*

Die Bibliothekarin wehrte sich stärker, als wir erwartet hatten. Bärbel und Bettina waren ihr in puncto Körpermasse zwar überlegen, aber wie die meisten von uns hatten sie bisher kaum Nahkampf-Erfahrung. Deshalb waren wir froh, als uns im Monat darauf eine ehemalige Judo-Bundesligistin beitrat. Schon bald begannen *Bittner-Ultras* und *Bittner-Jugend* mit dem gemeinsamen Kampftraining.

Wir lernten, dass ein Hassbrief-Verfasser von mittelgroßer Statur meist mühelos mit einem simplen Uki-goshi-Hüftschwung in eine längere Schreibpause versetzt werden konnte. Und ein gut gesetzter O-soto-otoshi-Außensturz genügte, um jede wild keifende Pegida-Rentnerin wieder zur Besinnung zu bringen.

Das Training gab uns Selbstvertrauen, es hielt uns fit und es war wirksam im Kampf für die gute Sache. In der praktischen Anwendung zeigte sich schnell: Je entschlossener wir vorgingen, desto erfolgreicher waren und desto bekannter wurden wir. Mehr und mehr Frauen wollten den *Bittner-Ultras* angehören. Bald konnte Michael Bittner seine Lesungen in ausverkauften Gemeindesälen abhalten. Es war jedes Mal ein Gänsehaut-Erlebnis, wenn sechshundert Köpfe gleichzeitig zum Bittner-Gruß schwenkten. Danach ging es meist geschlossen auf eine Pegida-Demo, um islamfeindliche Angstschürer, „Lügenpresse!" grölende Hassprediger und faktenresistente Populisten-Wähler zu verprügeln. Am Anfang hatten wir noch ein bisschen Furcht vor Auseinandersetzungen mit Hardcore-Nazis, aber durch unser wöchentliches Kampftraining und unsere wachsende Gemeinschaftsgröße wurde auch hieraus bald ein großer Spaß.

Bärbel und Bettina arbeiteten meist im Team zusammen. Während die beleibte Bärbel den Nazi von hinten ansprang, zog ihn Bettina mit einer Kreuzberger Schraube an den Ohren zu Boden. Während er sich auf dem Asphalt wand, wurde er von unserer mobilen Kampfeinheit T entkleidet, mit Teer übergossen und gefedert. Eine sehr schöne, sinnvolle Sache. Das fanden wir alle. Vor allem die mobile Kampfeinheit T selbst.

Sie entwickelte einen derartigen Erfüllungseifer, dass das Pegida-Problem in Dresden innerhalb weniger Wochen final gelöst werden konnte. Niemand traute sich mehr, auch nur in der Nähe des Theaterplatzes zu demonstrieren, und die Kampfeinheit T musste bald ins Dresdner Umland, nach Ostthüringen oder sogar bis nach Mecklenburg-Vorpommern ausrücken, um noch Nazis zum Teeren und Federn zu finden.

Wir beglückwünschten uns zu dieser beeindruckenden Gesamtentwicklung und feierten unsere Erfolge mit einem riesigen rauschenden Fest, bei dem auch der von uns verehrte Autor Michael Bitter zugegen war. Er gratulierte uns zu unserer klaren Haltung gegen Populismus und Fremdenfeindlichkeit, doch als er unser Party-Highlight erblickte – einen frisch erbeuteten, nackten, geteerten Dorfnazi, der in einem Käfig festgekettet war und den man mit Hundekot beschmeißen durfte –, wurde er blass und verabschiedete sich bald. Es hieß, jemand habe ihn auf dem Heimweg in einen Mülleimer vomieren sehen.

Auf der nächsten Lesung eine Woche später schlug Michael Bittner mit zittrigen Fingern sein Buch auf. Schon beim zweiten Satz verhaspelte er sich. Er versuchte es erneut und verlas sich wieder. Schließlich schüttelte er traurig den Kopf und schlug das Buch zu. Dann verkündete er leise, dass er sich seinem Ruhm und dem Eifer seiner Fans nicht mehr gewachsen fühle. Deshalb habe er beschlossen, seine Schreibtätigkeit ab heute für immer ruhen zu lassen, den Kontinent zu wechseln und in aller Abgeschiedenheit nichts weiter zu tun, als erzgebirgische Räuchermännel zu schnitzen. Er bedankte sich für unsere Treue und bat darum, dass wir die Gemeinschaft umgehend auflösten.

Wir waren schockiert. Das eilends einberufene Notfall-Plenum aller Bittner-Anhängerinnen wurde zu einer Manifestation der Verzweiflung. Hunderte *Bittner-Ultras* lagen sich weinend in den Armen, andere waren wütend, wollten es einfach nicht wahrhaben und zogen raubend und brandschatzend durch die Stadt. Ich gehörte zu einer dritten Gruppe und damit zu denen, die weder Wut noch Traurigkeit empfinden konnten, sondern nur Taubheit und Leere. Langsam und still ging ich zur Tür hinaus. Bärbel und Bettina liefen die ganze Zeit dicht neben mir. Als wir draußen waren, nickten wir uns noch einmal zu. Dann ging jede ihrer Wege.

Ein Jahr später traf ich Bärbel an der Tankstelle wieder, an der sie jetzt arbeitete.

„Wie geht's?", fragte sie.

„Ach, ich hätte so gern wieder eine Gemeinschaft", antwortete ich niedergeschlagen.

„Kein Hype hält ewig, meine Kleene", tröstete mich Bärbel.

Sie hatte recht. Wir hatten es beide begriffen. Trotzdem zog ich manchmal an trüben Tagen meinen Oberlauf-Moldau-blauen Schlauchschal aus der untersten Lade meiner Kommode hervor und rieb meine Wange daran, so lange, bis der flauschige Stoff sie ein bisschen erwärmte.

Die schönsten Abgründe des Alltags:

WEIHNACHTEN

Prolog

Es gibt Dörfer, die waren einmal schön. Dann gibt es wiederum Dörfer, die sind irgendwann einmal verschönert worden.

Auf Stotternheim trifft weder das eine noch das andere zu. Ein optimistischer Heimatdichter würde Stotternheim vielleicht als ein *thüringisches Kleinod unverwüstlicher Charmelosigkeit* beschreiben, aber es hat noch nie einen Dichter in Stotternheim gegeben. Die einzigen künstlerischen und spirituellen Prominenzen, deren Schicksale mit dem Dorf in Verbindung gebracht werden, sind eine ostdeutsche Punkband namens *„Schleimkeim"* und Martin Luther.

Schon Luther hatte Stotternheim so kennengelernt, wie es nun einmal ist: hässlich. Der Himmel war schwarz, es goss, es blitzte, es donnerte. Luther flehte in seiner Not die heilige Anna an, schwor, ins Kloster zu gehen, und überlebte.

Dort, wo er einst übers Feld gezogen war, setzten ihm die Stotternheimer ein Denkmal – und direkt daneben eine Müllkippe mit angegliederter Biokompostanlage.

Zur Beruhigung der anwesenden Protestanten muss man sagen, dass es sich um eine sehr schöne, gepflegte Müllkippe handelt. Sie bringt etwas toskanische Hügellandschaft in das triste Stotternheimer Flachland. Leider sorgt die Biokompostanlage bei ungünstigen Windbedingungen dafür, dass sich auch die gläubigsten Christen von Luther abkehren. Erst versuchen sie meist noch, den Gestank zu ignorieren, später pressen sie Schals und Tücher vor Mund und Nase, dann fangen sie an zu taumeln. Letzten Endes dauert es nur vier, fünf Minuten, bis sie den heiligen Ort fluchtartig verlassen. Der gebürtige Stotternheimer, der gerade eine Ladung Pferdemist wegbringen will, sitzt derweil gemütlich auf seinem Traktor und atmet tief durch. Auf dem Rückweg pisst er noch mal in die Bahnhofsunterführung, damit auch die zugreisenden Luther-Liebhaber gleich wissen, dass hier nur die Härtesten durchkommen.

Es gibt aber eine Zeit im Jahr, in der so etwas wie Milde in die Stotternheimerinnen und Stotternheimer einkehrt: die Weihnachtszeit. Denn dann wird in der evangelisch-lutherischen Gemeinde Stotternheim das Krippenspiel aufgeführt. Ein Krippenspiel, bei dem nur die Härtesten mitmachen dürfen. Und das will in Stotternheim schon etwas heißen …

Das Krippenspiel

Irgendetwas zwischen Regen und Schnee fiel im gelben Licht der Straßenlaternen zu Boden. Die Bänke im Hauptschiff waren alle schon besetzt. Die letzten Besucher drängten sich über die Außentreppe auf die Empore. Unten marschierte die Blaskapelle ein. Das Besondere an der Blaskapelle war, dass sie immer gleich wieder losmusste. Sie war die einzige Instrumentalgruppe im Umkreis und durfte am Weihnachtsabend noch sechzehn weitere Gemeinden bespielen.

Um die größtmögliche Songeffizienz zu erreichen, hatte sie sich über die Jahre ein ganz eigenes Spieltempo zugelegt. Ihr „*Stille Nacht, Heilige Nacht*" wurde zum schnittigen Midtempo-Stück. „*Es ist ein Ros entsprungen*" klang autoscooter-tauglich. Und an der Version von „*O, du Fröhliche*" hatte bereits ein örtlicher Drum-n-Base-DJ sein Interesse angemeldet.

Nach den Bläsern kam das, worauf alle warteten und wovor der Pfarrer sich von Jahr zu Jahr mehr fürchtete: das Krippenspiel. Die Darsteller waren die auffällig gewordenen Jugendlichen des Dorfes, die ihre Sozialstunden im Gemeindehaus ableisteten.

Drei Schäfer trotteten herein und setzten sich um ein selbst gebasteltes Lagerfeuer, das nicht flackerte, aber kräftig dampfte. Die möglichst beeindruckende Darstellung des Lagerfeuers war seit Jahren eine wichtige Angelegenheit, in die ein Großteil der Sozialstunden investiert wurde. Im letzten Jahr hatten die Hirten um einen 1,50 Meter hohen lodernden Vulkan gesessen, der ihnen sehr viel Anerkennung im Dorf eingebracht hatte. Leider war es im Laufe der Aufführung zu einem nicht unwesentlichen Kurzschluss mit darauffolgendem Schwelbrand gekommen. Der Pfarrer hatte deshalb bestimmt, dass das Feuer in diesem Jahr klein bleiben musste. Nur ein bisschen Dampf hatte er erlaubt. Der Drum-n-Base-DJ hatte daraufhin eine Nebelmaschine besorgt. Es war eine gute Nebelmaschine. Aber Nebel war eben kein Feuer.

Betrübt saßen die Hirten um ihr dampfendes Feuer und taten missmutig so, als ob sie sich daran wärmten. Da trat jemand ans Mikrofon. Er schlug ein großes Buch auf und las laut daraus vor: „Maria war ein goddesfürschtisches Määädschn." Unter seinem weißen Umhang zeichnete sich die Form seiner Bomberjacke ab.

Er las den Satz noch einmal: „Maria war ein goddesfürschtisches Määädschn", dann klappte er das Buch zu. „Isch will eusch die Geschichte in meinen eigenen Worden erzählen", las er von einem anderen Zettel ab.

Das mit den *eigenen Worten* war wichtig. Das hatten der Pfarrer, die Kantorin, Frau Bangelhoff-Schneidt, und die verschiedenen Bewährungshelfer schon vor langer Zeit so festgelegt. Dabei hatten sie aber nicht damit gerechnet, dass durch die eigenen Worte die Heiligen Drei Könige zu Caesar, Melchior und Balthasar werden würden, dass sie plötzlich nach Betleheim reisten und auf dem Weg Kamille, Minze, Myrrhe und Salbei rauchten. Deshalb wurden die eigenen Worte jetzt immer vorher aufgeschrieben.

„Maria war ein goddesfürschtisches Määädschn", sagte der Erzähler zum dritten Mal. Jetzt noch eindringlicher.

„Ich bin doch schon da!", schrie Maria und kam aus dem Dunst der Nebelmaschine hervor. Die lange blonde Pony-Strähne ihrer Renee-Frisur lugte unter ihrem schwarzen Kopftuch hervor.

Maria hieß eigentlich Susann Rollke und man hatte sie für die Rolle genommen, weil sie passenderweise gerade im achten Monat schwanger war.

Hinter ihr lief Josef. Josef hieß eigentlich Steffen und war tatsächlich ihr Freund und tatsächlich nicht der Vater des Kindes.

„Die Bibel ist ein Buch, das einfach nicht an Gültigkeit verliert", hatte der Pfarrer einmal gesagt und Susann Rollke hatte wissend genickt.

Susann und Steffen machten sich also auf die Suche nach einer Unterkunft.

Es war die Idee der Kantorin gewesen, nur zwei echte Türen zu verwenden und ansonsten Spiegelfolien-Wände aufzustellen. Die vielen gespiegelten

Türen sollten die Dramatik der Situation verdeutlichen. Nachdem aber Susann Rollke zum zweiten Mal vor eine Spiegelwand gelaufen war, ließ die Kantorin die Nebelmaschine ausschalten und den Erzähler in seinen eigenen Worten erzählen, dass Josef und Maria einen Stall gefunden hätten, in dem Maria ihr Kind bekommen konnte.

Dann kamen die Schafe.

Die Schafe waren der Kinderchor. Der Kinderchor bestand aus den Kindern des örtlichen Kindergartens, die zwar nicht singen konnten, aber dafür niedlich aussahen. Sie ließen sich im Kreis um die Hirten nieder, die an ihrem nun nicht mehr dampfenden Feuer saßen. Die Stimmung der Hirten war im Keller. Die Schafe spürten das und sangen noch ein bisschen schiefer als sonst. Das Lied handelte von einem Licht am Himmel. Das war wohl das Stichwort. „Schau mal, ein verschissener Engel!", sagte der eine Hirte in seinen ganz eigenen frustrierten Worten, ganz ohne Zettel.

Der *verschissene Engel* war Jacqueline Schmidt.

„Bei dir hackt's wohl?", schrie sie dem Hirten zu. Dann erinnerte sich Jacqueline Schmidt an ihren Text. „Hallo, Hirten, ich bin gekommen, um euch frohe Kunde zu vertreiben", verkündete sie und zuppelte an ihrem weißen Pannesamt-Kleid. „Euch ist ein Heiland geboren."

„Prima", sagte der zweite Hirte.

„Ganz großes Kino", sprach der dritte und blickte zu den Heiligen Drei Königen hinüber, die in diesem Moment den Bühnenrand betraten. Leider waren zwei von ihnen überraschend krank geworden, sodass Ronny Remmler alle drei Rollen gleichzeitig übernehmen musste. Damit das Publikum nicht dachte, er sei schizo oder so, hatte er sich ein Schild umgehängt, auf dem stand: *„Wir wären eigentlich zu dritt."*

Nach und nach trafen die Hirten, der Engel Jacqueline Schmidt und die Heiligen Drei Könige in Person von Ronny Remmler im Stall bei Josef und Maria ein. Der Kinderchor sang ein Lied von Rolf Zuckowski.

Als der letzte schiefe Refrain verklungen war, setzte der Erzähler wieder an: „Liebe Gemeinde, ich möchte mich heute am Weihnachtsabend noch mal beim Autohaus Schinkowski für die Schaufensterscheibe entschuldigen, die ich damals eingetreten habe. Ich hätte auch einfach das Türschloss knacken können."

Im Stall wurde es unruhig. Jacqueline Schmidt kratzte sich verdutzt an ihrem Pannesamt-Kleid. Ronny Remmler drehte sich so abrupt herum, dass er dabei sein Schild herunterriss. Anscheinend kannten die Darsteller diesen Text auch noch nicht.

Der Erzähler sprach ruhig weiter: „Schlösser aufbrechen ist für mich wirklich kein Problem. Aber ich wollte ja, dass es auffällt. Ich wollte ja Sozialstunden bekommen, um beim Krippenspiel mitmachen zu dürfen."

Der Erzähler wischte sich mit dem Ärmel eine Träne von der Wange.

„Ich meine, wir haben hier das hässlichste Dorf im Umkreis, wir sind mies im Fußball und wenn der Wind schlecht steht, riecht es überall nach Müllkippe. Aber wenn wir eins können, dann ist das so richtig geil Weihnachten feiern. Und da sind wir echt die Einzigen weit und breit."

„Genau!", brüllten die Männer der Blaskapelle, die ihre sechzehn anderen Gemeinden in neuer Rekordzeit bespielt hatten, nur um schneller wieder zurück zu sein. Ganz entspannt setzten sie nun ihre Instrumente an die Münder. Die Leute fassten sich an den Händen, standen von ihren Bänken auf, umarmten sich, wünschten einander frohe Weihnachten – und als die Kapelle zum *„Schneewalzer"* anhob, begann die Menge zu tanzen. Von Stotternheim ging an diesem Abend ein Strahlen und Glänzen aus. Stotternheim leuchtete hell und anmutig ins Universum, und das Universum leuchtete für einen winzigen, aber wunderbaren Augenblick nach Stotternheim zurück.

Nachsatz

Die Biokompostanlage wurde inzwischen geschlossen. Luther-Freunde können nun getrost am Stotternheimer Lutherstein verweilen. Außerdem weiden dort schottische Soay-Schafe.

ANMERKUNGEN

Die Geschichte „*Weihnachten*“ ist 2009 bereits in der Anthologie „*Götter, Gurus und Gestörte*“ im Satyr Verlag erschienen.

Die Geschichte „*Christenrock*“ ist 2017 bereits in der Anthologie „*Lautstärke ist weiblich – Texte von 50 Poetry-Slammerinnen*“ im Satyr Verlag veröffentlicht worden.

Das Eingangszitat von Meike Harms wurde dem Text „*Leistungsorientierte Freude*“ entnommen. Dieser ist 2015 in ihrem Buch „*Poesie kann Karate*“ im TINX-Verlag erschienen.

DANKE AN

Viele Freunde, Bekannte und Verwandte haben dazu beigetragen, dass all die verschiedenen Abgründe des Alltags hier versammelt werden konnten. Danke für eure miesen Erfahrungen!

Insbesondere möchte ich jedoch Magdalena Wallkamm, Sven Richter, Sandra Plessing, Alexandra Massek, Sebastian Ringel, Oliver Kietzmann, Janine Edler, Michael Bittner sowie Solveig und Linda Wallroth an mein Herz drücken, die allesamt tolle Menschen sind und glückliche Leben führen, obwohl sie mir ab und an auch ein bisschen Inspirations-Input offerieren konnten.

Ein dickes Dankeschön geht an meine Boys von der Lesebühne *„Schkeuditzer Kreuz“*, die mich immer wieder anspornen, neue Texte zu schreiben.

Ein großes Merci fliegt zu Kaddi Cutz, Katharina Salomo und Markus Michalek, die dafür gesorgt haben, dass dieses Buch einen Verlag gefunden hat.

Muchas gracias sende ich an Michael Probst von *netconstructions*, der mich schon seit Jahren unermüdlich in puncto Webseite unterstützt.

Doreen Schmidt danke ich fürs Zuhören und fürs inhaltliche Beraten. Michael Münch ebenso und für vieles andere mehr.

DIE AUTORIN

Franziska Wilhelm wurde in Erfurt geboren. Nach dem Abitur verschlug es sie für ein Jahr zum Jobben in ein gruseliges Londoner Mädcheninternat und dann zum Studieren nach Leipzig und Madrid. Mit ihren meist skurrilen Erzählungen hat sie bereits mehrere Preise und Stipendien gewonnen. Als Poetry-Slammerin trat sie in Deutschland, Österreich und Frankreich auf. Seit 2010 ist sie festes Mitglied der Leipziger Lesebühne *„Schkeuditzer Kreuz"*. 2016 initiierte sie mit dem Sender *detektor.fm* die *„RadioPoeten"* – den ersten Poetry-Slam-Podcast im deutschen Radio. 2017 moderierte sie die Crossmedia-Show *„MDR Sputnik Slamedy"*. Seit 2018 steht sie für den Literatur-Podcast *„Seite 37"* hinterm Mikro.

Franziska Wilhelm lebt in Leipzig.

Autoren-Homepage:
www.franziska-wilhelm.de